文春文庫

怖いこわい京都

入江敦彦

文藝春秋

その瞳こそげにげに魔神の夢みたるにも似たるかな。
灯影《ほかげ》は禽《そ》の姿を映し出《い》で、床の上に黒影《かげ》投げつ。
さればこそ儂《わ》が心 その床の上にただよへるかの黒影《こくえい》を
得免れむ便《よすが》だも、あなあはれ
——またとはなけめ。

「大鴉《おおがらす》」E・A・ポオ（日夏耿之介《ひなつこうのすけ》訳）

まえがき　澱《おり》の檻《おり》の囚人

まあ、そないに怖がらんでもよろしおすがな。もうちょっと此方《ねき》にお寄りやす。

京都の恐怖が、そんなふうに微笑《ほほえ》んでおいでおいでしている。

京都の怖さは作り笑いの後ろに隠れている。真意が読み取れない恐ろしさだ。老舗《しにせ》の奥ではんなり客を迎える店主。隙《すき》のない料亭の仲居。やさしげな坊《おっ》さん。おっとりと振舞う舞妓《まいこ》。みんな怖い。

人間だけではない。燃える紅葉。観桜の殷賑《いんしん》。典雅な寺院建築。鎮守の森を従えた神社の拝殿。〝美〟が禁忌を隠している気がする。ただ路傍に置かれた岩石や注連縄《しめなわ》の巻かれた巨木。目鼻の磨耗した地蔵尊。屋根に鎮座する鬼瓦《おにがわら》。みんな胡乱《うろん》な空気を漂わせる。

千年のミヤコには千年かかって凝《こご》った澱のようなものがある。人間にも景観にも建築にも名もなき遺構にも、その澱は沈殿している。イメージとしては糠床《ぬかどこ》みたいな感じ。

京漬物は、もとい京の恐怖はそこで産声《うぶごえ》をあげるのだ――というのが私の仮説である。もっとも生まれてはみたものの、ほとんどの恐怖は人目に触れぬまま澱の泥濘《でいねい》のなかで一生を過ごすのだろう。けれど、稀《まれ》にではあるが、それらが現実世界に現れることがある。ちょうど寄生虫のハリガネムシが蟷螂《とうろう》の腹を破って飛び出すように。きまぐれに恐怖は宿主の内側からエイリアンみたいに顔を出して辺りを見回したりする。人影を見つけたらか細い声をあげたり、目と目が合えば手招きなんかしてみたり。

それでもやはり、それらは輪郭すら判然としない。澱にまみれてどろどろだから。

京都に怪奇幻想を抱く者は多い。心霊スポットといわれる場所もたくさんある。血《ち》腥《なまぐさ》い歴史の痕跡《こんせき》がそこここに残っている。人々は幻惑され、あるいは呼ばれたような気がして洛中《らくちゅう》を訪れる。

けれどいざ近寄ってみれば泥濘《ぬかる》んだ澱が染《し》みを残しているばかり。むろん、なかには恐怖に足を取られ、澱のなかに引き摺《ず》り込まれて宿主と一体化してしまう不幸な人間もいるかもしれないが。

これを俗に「憑《つ》かれる」というのだ。

とはいえ、それでも。それでも間違いなく、姿の見えない得体の知れない非合理的雰囲気は京が京たる演出に一役買っている。恐怖は京都を魅力的に見せる。

澱は檻。京都人はみな澱の囚人。どんなに遠く離れて暮らしていても、その拘束力は絶大である。

しかしながら「澱の檻」は物理的には無限の広がりがある。当たり前の日常生活のなかでは、せいぜいが闇《やみ》の懐《ふところ》に犇《ひし》めきあい蠢動《しゅんどう》するなにかの気配をふと感じてヒヤリとするくらいのもので、その正体を目《ま》の当《あ》たりにすることは滅多とない。見えない姿を想像してさぶいぼをたてるのが関の山。

そいつらの実像に触れたいと考えたら単純に、やはりできうる限り泥濘がのたうつ場所に足を運んでやる必要があろう。ましてやその魅力を知りたいと願うなら、その生態を観察したいというのなら、どれほどコワイ思いをせねばならぬことか。しかしそれでも私は自分の心を捉《とら》えて放さない澱の〝主〟になんとしてでも会ってみたかった。

泥濘に手を突っ込んで掻《か》き回し、ときには顔を沈め、自らを汚さなければ京の恐怖はその片鱗《へんりん》すらひらめかせてはくれない。結果、骨折り損でも構わない。よしんば発見したものが枯尾花であってもいいのだ。枯尾花には枯尾花の怖さと面白さがあるはずだから。

泥濘ウォッチの観測定点は九つ。

ゆらゆらと碁盤の目を巡る人々の業《ごう》が、いつしか奇怪な実体を得た《異形》。

現実と虚構の交差点。大路小路の片隅で不気味な軋《きし》みをあげ続ける《伝説》。

後白河上皇の時代より、京都人がいかなる魔窟《まくつ》よりも畏《おそ》れる聖域、《寺院》。

与える幸福と同じだけの災厄を人々にもたらす八百万《やおよろず》の魔の住処《すみか》、《神社》。

あまりにも当たり前の顔で京の日常に潜むがゆえ気づかない数々の《奇妙》。

柔らかな物腰に秘匿《ひとく》された自我。影が蠢《うごめ》くように洛中を往来する《人間》。

山紫水明の眺望と二重写しの凄惨《せいさん》な陰翳《いんえい》が、なぜだか人々を虜《とりこ》にする《風景》。

因果が籠《こ》もり因縁が連鎖して、仄暗《ほのぐら》い京の露地裏で怨嗟《えんさ》を撒《ま》き散らす《幽霊》。

京という都市を母体に産声をあげ、瘴気《しょうき》を吸っていまだ生き延びる《妖怪《ようかい》》。

それらをつぶさに観察したあとで、私はなにを想《おも》うだろう。鬼が出るか蛇が出るか。

我ながら楽しみなような不安なような。

京都人は生まれながらにして咎《とが》を背負っている。澱という原罪を。そして、その罪状によって檻に閉じ込められている。もしかしたら京都の恐怖に惹《ひ》かれるような人間は、みんな重かれ軽かれ同じ罪を犯しているのかもしれない。

怖いこわい京都　目次

まえがき　澱の檻の囚人　5

怖いこわい　異形

怖いこわい　伝説

怖いこわい　寺院

怖いこわい 神社

怖いこわい 奇妙

怖いこわい 人間

怖いこわい　風景

怖いこわい　幽霊

怖いこわい　妖怪

京都全図

点線で示したのが洛中。

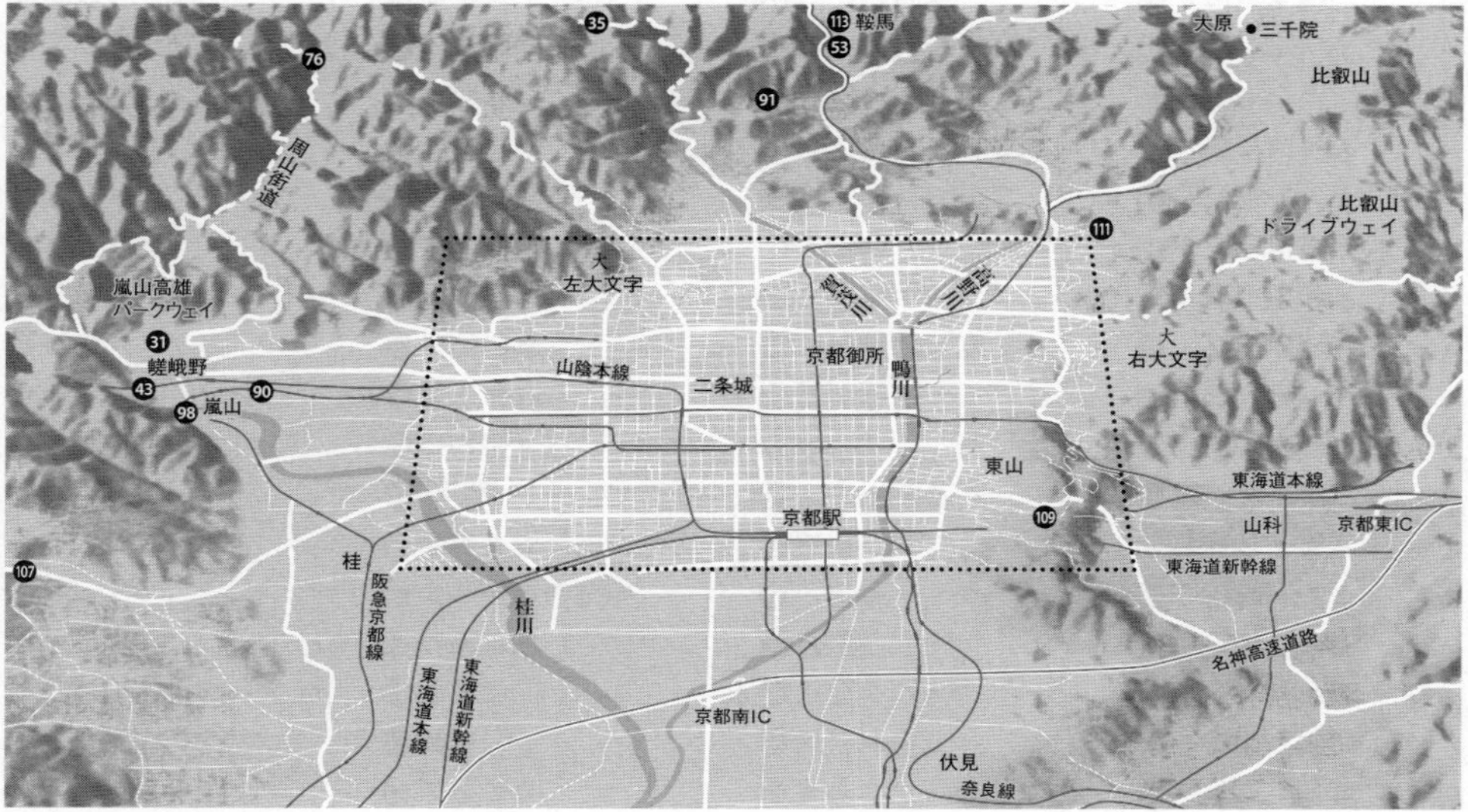

怖い場所リスト

数字は本文に登場する順。洛外で地図の範囲に収められない場合は省きました。

●異形

❶京都ゑびす神社
❷熊野若王子神社
❸礫礫
❹招善寺
❺堤瓦商店
❻宝鏡寺
❼東寺
❽粟嶋堂宗徳寺
❾上賀茂神社
❿雲林院
⓫八坂庚申堂
⓬大豊神社
⓭岬神社
⓮宥清寺
⓯白峯神宮
⓰崇徳天皇御廟所
⓱聖護院積善院準提堂

●伝説

⓲鉄輪の井戸
⓳地主神社
⓴神田神宮
㉑義仲首塚
㉒三条河原
㉓瑞泉寺
㉔狐坂
㉕誓願寺
㉖十五大明神
㉗西行庵
㉘白川子安観音
㉙耳塚
㉚繁昌神社
㉛清滝トンネル

●寺院

㉜正伝寺
㉝法伝寺
㉞千本釈迦堂
㉟志明院
㊱真如堂
㊲南禅寺
㊳石像寺
㊴矢田寺
㊵清水寺
㊶熊野神社衣笠分社
㊷佛勅山顕正寺
㊸化野念仏寺
㊹六道珍皇寺
㊺千本ゑんま堂

●神社

㊻今宮神社御旅所
㊼櫟谷七野神社
㊽下桂御霊神社
㊾六請神社
㊿菅原院天満宮
(51)霊光殿天満宮
(52)源融河原院址
(53)貴船神社
(54)平安神宮
(55)本願寺伝道院
(56)安井金毘羅宮
(57)住吉神社
(58)紫野貴船神社

●奇妙

(59)八坂神社
(60)不思議不動院
(61)一条戻橋

62 春日神社
63 元祇園梛神社
64 總神社
65 弁慶石
66 壬生寺
67 天寧寺
68 兒水不動尊
69 法華寺

●人間

70 岩上神社
71 祇園女御塚
72 一力亭
73 イノダコーヒ
74 湯たく山茶くれん寺
75 深泥池
76 笠トンネル
77 瓢箪屋
78 清水谷家の椋
79 聖護院
80 行者橋
81 堂本印象美術館
82 龍安寺

●風景

83 了徳寺
84 大峰寺趾
85 西方寺
86 一和
87 観世井
88 梅雨の井
89 上御霊神社
90 車折神社
91 雲ケ畑廃屋
92 下鴨神社
93 阪急百貨店（閉店）
94 大谷祖廟
95 金戒光明寺
96 武信稲荷
97 幸神社
98 嵐山モンキーパーク
99 赤山禅院

●幽霊

100 船岡山
101 今宮神社
102 花園マンション跡地
103 御室の切り通し
104 岩倉児童公園
105 円山公園東南トイレ
106 拾翠亭
107 老ノ坂トンネル
108 みなとや幽霊子育飴本舗
109 旧東山トンネル
110 粟田口刑場跡
111 曼殊院
112 革堂

●妖怪

113 鞍馬駅
114 鵺大明神
115 毛朱一竹塚
116 神明神社
117 大徳寺
118 西雲院
119 茂庵
120 東向観音寺
121 上品蓮台寺
122 半木の道
123 妖怪堂（閉店）
124 浄福寺
125 高台寺

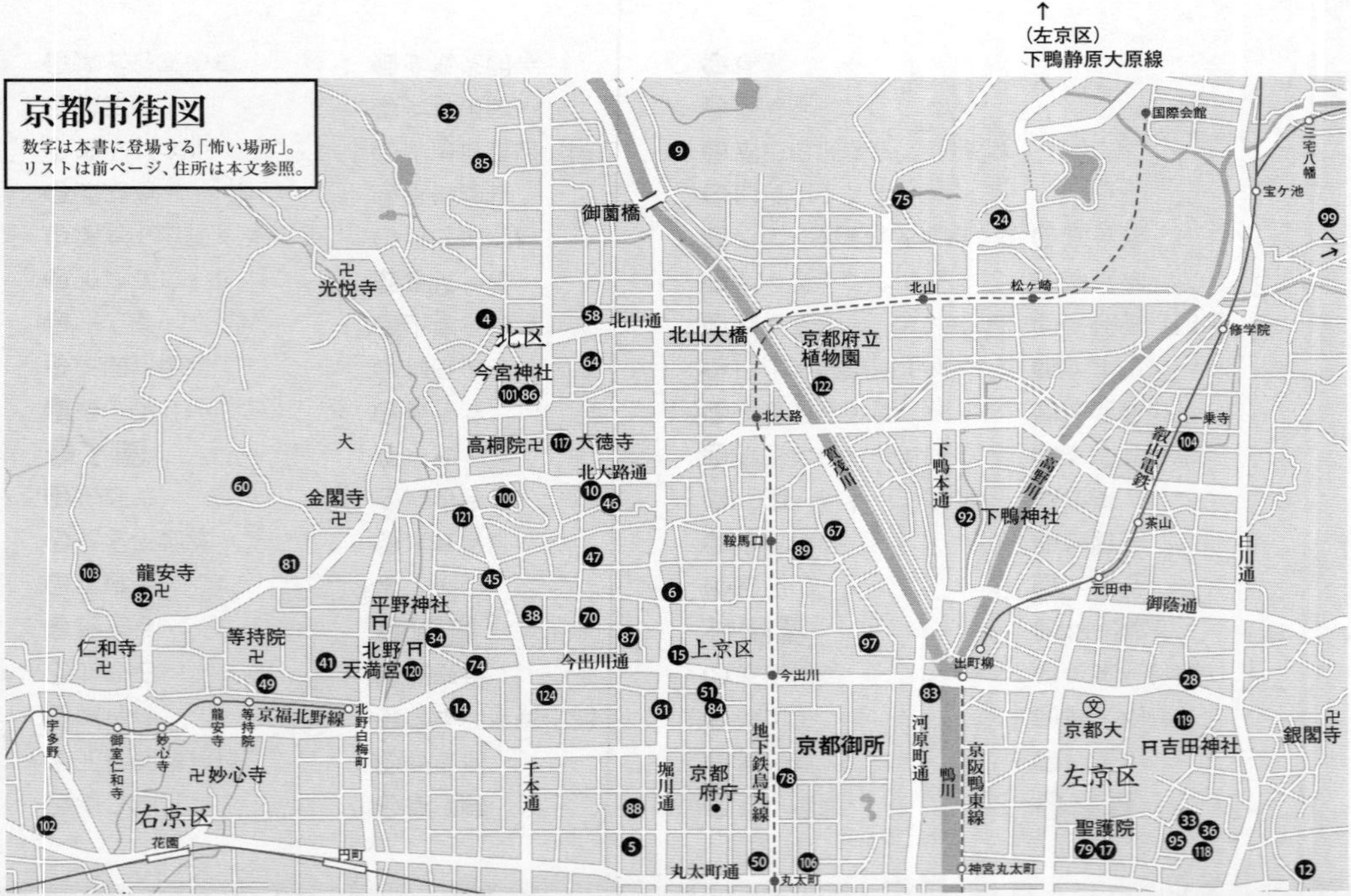
京都市街図
数字は本書に登場する「怖い場所」。
リストは前ページ、住所は本文参照。
↑
（左京区）
下鴨静原大原線
国際会館
三宅八幡
宝ケ池
99へ
光悦寺
御薗橋
北山通
北山大橋
北区
今宮神社
京都府立
植物園
北山
松ヶ崎
修学院
一乗寺
叡山電鉄
高野川
賀茂川
北大路
大
高桐院
大徳寺
北大路通
下鴨本通
下鴨神社
金閣寺
茶山
白川通
鞍馬口
龍安寺
元田中
御蔭通
平野神社
等持院
仁和寺
北野
天満宮
今出川通
上京区
今出川
出町柳
京福北野線
北野白梅町
宇多野
御室仁和寺
妙心寺
龍安寺
等持院
妙心寺
京都大
吉田神社
銀閣寺
千本通
堀川通
京都府庁
地下鉄烏丸線
京都御所
河原町通
鴨川
京阪鴨東線
左京区
右京区
聖護院
花園
円町
丸太町通
丸太町
神宮丸太町

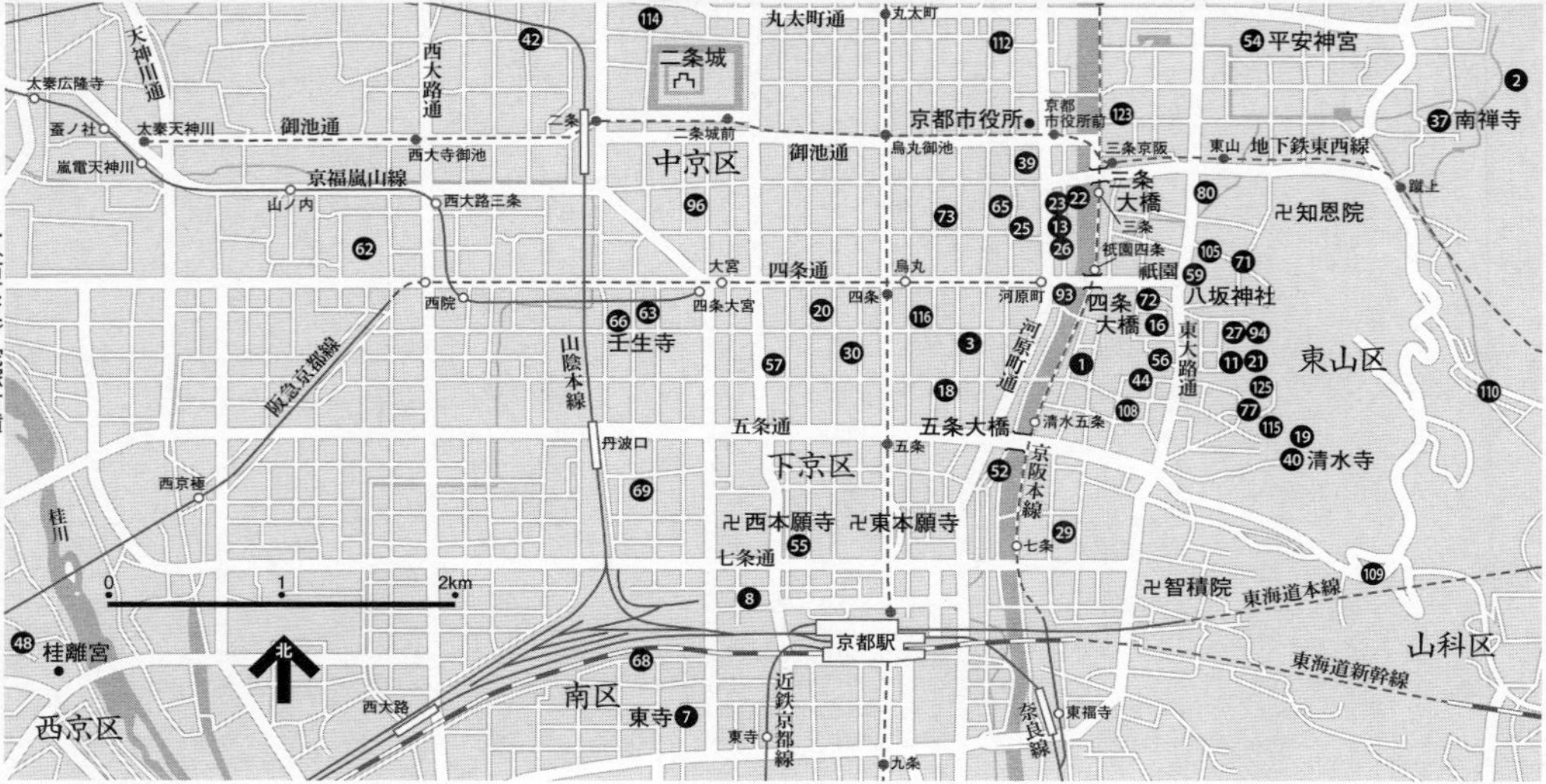

←（右京区）蛇塚古墳

（八幡市）
ビルマ僧院跡
↓

（南区）
吉祥院天満宮
↓

（伏見区）
末廣大神、総本家宝玉堂、
表延座参座・裏延座参座、
青風端山幼稚園跡 ↓

（宇治市）
黄檗山萬福寺、
天ヶ瀬ダム、
喜撰山廃墟群
↓

（相楽郡）
笠置観光ホテル
↓

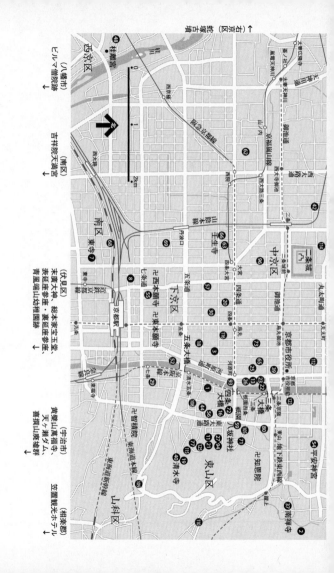

怖いこわい京都

怖いこわい

異形

異形一 エビス

❶京都ゑびす神社　東山区大和大路四条下ル四丁目小松町一二五
❷熊野若王子神社　左京区哲学道冷泉東入ル若王子町二

兵庫県の〈西宮えびす神社〉、大阪の〈今宮戎《えびす》神社〉とともに日本三大エビスに数えられる〈京都ゑびす神社〉。規模は小さいし知名度も劣るが庶民の崇敬を集める、京都人にとっては大切な神さんのひとつである。ふだんはしんと静まり返っているけれど、通称「初ゑびす」として知られる正月の十日ゑびす大祭期間中には、祇園《ぎおん》や宮川町のお姐《ねえ》さん方や東映の女優さんたちによる福笹《ふくささ》授与などもあり、この日ばかりは殺人的な混雑となる。四条通までも人と車が溢《あふ》れ、立錐《りっすい》の余地もない。

鯛《たい》を担《かつ》いだふくよかな福の神。【エビス】といえば、おめでたい印象がある。が、それは室町時代に「七福神」に組み込まれて以降の話。それまでは一癖も二癖もある生来の異形神であった。記紀神話によれば国造神イザナギ・イザナミの第三子という由緒《ゆいしょ》ある生まれでありながら、この両親は「三歳にならはっても足腰が立たぁらへんかったし海に流してしもた」というのだから、ひどい話もあったものだ。

けれどエビスは帰ってきた。「流されたものならば、きっとどこかに漂着しているに違いない」という俗信が誕生したのは、きわめて自然な成り行きであるように思える。異形の【蛭子《エビス》】は、「外来者」「異邦人」を意味する【夷】【戎】などの言葉と結びつき、水平線の向こうからあああーとやってきて《幸》や《富》を与える水の神・海神なる属性を帯びた。

古くから開けた漁村では、魚群を報《しら》せるイルカや、大いなる恵みをもたらす鯨などをごく最近まで「エビス」の名で呼んでいた。地域によっては水死体のこともそう称し、これが浜に打ち上げられると「大漁の吉祥」として祀《まつ》られたという。

そんな逸話を聞くと、全体にプクプクと丸みを帯びたエビスの姿が、ふやけきり腹にガスがたまった溺死《できし》者のメタファーとも思えてくる。

中世以降夷信仰はさらに変遷《へんせん》する。いわゆる「国譲り神話」の現場で釣り糸を垂れていた託宣神コトシロヌシと海繋《つな》がりで習合したのだ。また、同じように「罪を背負わされて追放される神」である浄化神・山幸彦《やまさちひこ》とも重ねられ、それぞれの性質を付加されてゆく。そしてしまいには「ユー、明日から七福神だから」と福の神グループ《アイドル》のメンバーに選ばれた。

かくて【恵比寿】【恵美須】となった神は、かつての異形性を失い、「ゑべっさん」として愛され、商売繁盛《はんじょう》の守り神になった。もとはといえば【蛭子】が漂着したとされる浜であるがゆえに総本社となった兵庫県西宮市の〈西宮えびす神社〉ですら、その暗く複雑な祭神の生い立ちはどこにも感じられない。

〈京都ゑびす神社〉だって、いまやほとんど祇園の守護聖扱いだけれど本来はコトシロヌシを祀る祠《ほこら》であった。十三世紀初頭、鎌倉《かまくら》時代、栄西禅師が建立《こんりゅう》した〈建仁寺《けんにんじ》〉の鎮守社として勧請《かんじょう》されたのが始まり。個人的には、承久三（一二二一）年の承久の乱に当たって、咎《とが》なくも自ら進んで土佐・阿波《あわ》に流されることを選んだ土御門《つちみかど》上皇がどうしても思い出される。

この土地の人々は悲劇の上皇を悼《いた》み、コトシロヌシと習合させたエビスに「神となって帰ってくる宮様」像を重ねていたのではないか。

京都でエビスといえば〈熊野若王子神社《くまのにゃくおうじ》〉にある神像も忘れられない。木造寄せ木造りで江戸初期の作とされているが、この人が（人じゃないけど）一目観《み》たらその晩は夢に現われてきそうなくらいキョーレツに怖い。七福神デビュー以前の姿が偲《しの》ばれる。現在は家具の街として知られる「夷川」の町名の由来となった祠に祀られていたものらしい。応仁《おうにん》の乱で社が荒廃してここ東山の麓《ふもと》に連れてこられたのだという。

そもそも〈熊野若王子神社〉は永観堂の守護神として勧請された〈若王子〉の鎮守社。

主祭神はイザナギ・イザナミ。自分を棄《す》てた薄情な親を恨んでいるのか。不幸な出生を呪《のろ》うかのごとき異形のオーラを放っている。いやあ、やっぱりエビスはこうでなくちゃね。

異形 二
常世様の蔵

❸礫礫　下京区富小路通仏光寺下ル筋屋町一三六

京の風景には、まだ当たり前に蔵が混ざっている。それらは、まぎれもなく〝町衆〟が豊かであった時代の遺構だ。もっとも、そのほとんどは衣替えした建具などを納める倉庫。油照りの夏、底冷えの冬を前に京都人はかつて家内の設《しつら》えを総入れ替えしてきた。そのための空間なのだ。特別なお宝を護《まも》るためのものではない。

それでも蔵は人々を幻惑する。桜の下に屍体《したい》が埋まっているように、蔵のなかにはお宝が眠っている気がする。……あるいは誰かがひっそりと幽閉されている気もする。蔵を利用して作られたライブハウス〈礫礫《たくたく》〉などで演奏を聴いていると、ときに実際の観客数以上の熱気みたいなものを感じる。確かに蔵には目に見えない住人がいるのだ。
蔵といえば私には奇妙な経験がある。
蝉《せみ》しぐれのなか、岡崎の裏道を散歩中のこと。古びた住宅街の間、抜け落ちたように
ある駐車場を私は見つけた。かつてはそれなりの屋敷だったはずの敷地。だが、もはや
片隅に取り壊しを逃れた蔵が佇《たたず》むのみだった。
【常世様】。ところどころ漆喰が落剝《らくはく》した蔵の玄関には、そんな看板が架かっていた。
虫食いのある古びた木の板に墨書きされた文字が日に焼けてかすれている。わずかに
違和感は覚えたが、人の出入りがあったので最初はいわゆる町家ショップだと思った。
今日びはどんなに細い露地の奥にも、それらはオープンする。
開けっ放しにもかかわらず蔵の中はひんやりしていた。けれど、私がゾクリとして立
ち止まったのは、そのせいじゃなかった。
両脇《りょうわき》に十列足らず並んだ腰掛けには緋《ひ》毛氈《もうせん》がかけられ、まばらに人が座っている。そ
のみんながみんな項垂《うなだ》れて、猫背になって正面奥に祀られた白っぽい観音像に向かって
念仏していた。ショップでないのはあきらかだ。私の本能が〝撤収〟を告げる。
そのときだ。踵《きびす》を返した目の前に老婆《ろうば》が現われ、私は危うく声をあげそうになった。
「常世様やし、拝んでおいきやす」

彼女に促され、私は覚悟を決めて本尊に近づいた。巨大な燭台《しょくだい》が両脇に置かれ、百目《ひゃくめ》蠟燭《ろうそく》の焰《ほのお》に照らされたそれは、しかし観音像ではなかった。白い布に包まれた人型のナニカが、赤い絹の細帯で床柱に縛り付けられていた。

形だけ手を合わせ、とっとと私が蔵を後にしたのはいうまでもない。

「常世虫信仰」の話を知ったのは、それから何年も経《た》ってからだった。それは七世紀半ば、富士川付近で発生した新興宗教《カルト》。ある種のイモムシを「富と長寿をもたらす常世虫」として祀った。それがあまりにも大流行したために教祖の大生部多《おおふべのおお》は、朝廷の命を受けた秦河勝《はたのかわかつ》――そう。後に平安京造営を請け負った、あの秦氏の首領である――に討伐され、信仰は途絶えたと『日本書紀』にはある。

一説によれば、この失われたはずの宗教は、日本に養蚕をもたらした秦氏との繋がりで蚕神信仰に形を変えて生き残ったともいわれる。私が見た「常世様」は、あきら

かに、この蚕神信仰の一形態であったと思われる。

原始的宗教が、そんなふうに他の神々と習合されるのは珍しくはない。それを滅ぼしたものをも取り込んでしまう貪欲《どんよく》な性質を信仰というものは持ちうる。が、平安以前のささやかなカルトが隔世遺伝みたいに洛中《らくちゅう》に蘇《よみがえ》るのはきわめて稀《まれ》な現象といえよう。

あの風景はまだあるのだろうか。蔵を再確認しに行こうと何度も考え、そのたびに私は思いとどまってきた。

なぜなら、あのとき柱に縛りつけられた〝布の蛹《さなぎ》〟が蠕動《ぜんどう》したように見えたから――である。もしあれが燭光の揺らぎに創《つく》られた幻だったとしても、そのとき胃酸が湧《わ》くみたいに込み上げてきた恐怖を私は忘れられない。

異形 三
鬼瓦

❹招善寺　北区紫竹西野山町三四
❺堤瓦商店　上京区猪熊通下立売下ル大黒町四五四‐一一

実家の近所に、観光的には無名だが某宗派の総本山を務める立派なお寺がある。生まれたときから、こちらの除夜の鐘を聞き、こちらの仏様に手を合わせ、こちらの境内を遊び場に育った。通りから少しだけ引っ込んで構えられた西門の両脇には垣根を廻《めぐ》らせた小さな庭があり、ここを〝秘密の花園〟として私は想像力を思う存分広げることができた。

けれど、この寺院は私にとってもう一つ、大袈裟《おおげさ》な表現だが「暗黒面」とでもいうべき顔を持っていた。当時、母には奇妙な教育指導方針があって、私が悪さをすると彼女は（仕事が忙しくないときに限ってだが）刑罰に代えて《恐怖》を与えることにしていた。こちらはその精神的折檻《せっかん》の舞台でもあったのだ。

母は悪戯《いたずら》をした私の手を引いて境内まで連れてくると、本堂の屋根に乗る大きな鬼瓦を指さしていったものだ。

「あれ見てみ。あの鬼は悪さしよった子どもを食べてしまうんやで。わたしに見つからへん思ても、あの鬼は見たはるえ！」

何べんもこの注意指導を受けたせいで鬼瓦は私のトラウマとなった。いまでもちょびっと怖い。ちょびっとだけど。

〈招善寺〉という洛北の小さなお寺を訪ねたとき、境内に似たタイプの鬼瓦《おにがわら》がごろごろ置かれており私は危うく声をあげそうになったことがある。こちらには見事な白木蓮《はくもくれん》があって、とくに散りゆくころはそれはもう凄惨《せいさん》な美しさ。ぜひ訪院をお薦めしたい。そして、お出かけの際にはついでに私を脅かした鬼瓦もチェックされたい。「子どもを食べる」なんて嘘《うそ》八百にリアリティを与える迫力ある造形だ。

それでなくても和風建築が多い京都という街は、そこかしこに鬼瓦を扱う店がみつかる。それらはたいていサンプル展示と装飾を兼ねて軒の上に様々な鬼瓦を並べている。大黒さんやゑべっさんならばいいのだけれど、文字通り鬼系のものばかりだと冷や汗が滲《にじ》む。

実家からそう遠くない場所にある〈堤瓦商店〉さんなどは玄関から窓枠、植木鉢の根元まで置けそうなところには余さず置かれていて迫力満点。ほとんど建物全体が鬼瓦に覆《おお》われた状態である。私は怖いもの見たさで、つい足を運んでしまう。

桟に針金で括《くく》りつけられた般若《はんにゃ》の鬼瓦など、もちろん盗難防止の配慮なのだろうけれど、見ようによっては逃げ出していかぬよう緊縛しているかのごとくだ。

文政年間に書かれた石塚豊芥子《ほうかいし》の『街談文文集要』には鬼瓦に魅入られて病気になった女房の話が登場するが、この緊縛般若などを目の当《ま》たりにすると彼女の気持ちが解《わか》らなくもない。

異形 四
万勢伊さん

❻宝鏡寺　上京区寺之内通堀川東入ル百々町五四七－一

さり……さり……さり……

長い板張りの廊下の奥に、その人影を見たときは単純にその背格好から子どもだと思った。ゆっくりゆっくり足を引き摺《ず》るように歩く姿はまだ輪郭がぼやけている。ところは西陣〈宝鏡寺〉。人形供養《くよう》で有名な臨済宗の古刹《こさつ》である。

親のお伴《とも》で京都観光か。まだ小さい子みたいだから退屈してふざけてるんだろうな。

――そんなふうに思いついて、私は視線を枯山水の庭に戻した。

さり……さり……さり……

杉板のうえに敷かれた薄べりの表が擦《す》れる微《かす》かな音。振り返った私は、すぐさま顔をそむけた。子どもではなかった。おかっぱ頭の大人だ。彼女は祈るように両手を合わせ、這《は》い歩いていた。きっと立ちあがっても小柄なほうだろう。それが膝《ひざ》で這い這いをしているのだから、そりゃ子どもにも見えるって。

ちらとしか見なかったけれど瞼《まぶた》に焼きついた残像は岸田劉生《りゅうせい》の「麗子像《れいこ》」と重なった。

私は庭の風景に集中しているふりを必死で続けた。秘めやかに摩擦音が同じペースで近づいてくる。それに連れて彼女が口を閉じたまま唱える「むぉーん」とか「ゆぁーん」とかいう声が聞こえてきた。

さり……。……私の真後ろで、彼女はぴたりと歩みを止めた。

身を強張《こわば》らせたままどのくらい「むぉーん」「ゆぁーん」に耳を傾けていただろう。実際はほんの僅《わず》かだったのかもしれないが気が遠くなりそうだった。ふと気がつくと彼女はもう廊下の角を曲がろうとしており、私はその場にへたりこんだ。

いったい彼女は何をしていたのか何がしたかったのか——いまだにわからない。ひょっとしたら、ああいう方法の願掛けかなにかがあるのかもしれない。が、ともあれ、あんまり心臓にはよくない。ほんの一瞬のことなのに、ありありとその姿が思い浮かぶ。

あの麗子像に比べたら、この寺に奉納された生き人形【万勢伊《ばんぜい》さん】のほうが、なんぼか怖くないというものだ。

【万勢伊さん】というのは〈人形寺〉こと〈宝鏡寺〉にある御所人形。十一歳で寺に入り、のちに二十二代門跡となる本覚院宮に愛玩《あいがん》されていた。それがいつしか魂を宿し、宮様を護りたい一心から夜毎《よごと》に境内の見回りをするようになったとの逸話が寺に伝わっている。

　しかし生命が籠《こ》もるとは、よほど可愛《かわい》がられていたのだろう。が、なによりも驚くべきはこの人形を可愛いと感じられる本覚院宮という人の感性かもしれない。ふつう「人形を可愛がる」といえば自分より幼い、あるいはか弱い存在の庇護《ひご》者の役割を演じるもんだよね。だが、万勢伊さんはでっぷり肥えた正座する中年女性なのだ。まあ、それをいいだせば麗子像だって劉生は怖い絵を描こうとしたわけじゃないのだけれど。ガラスケースに納まったいまでも、じっと見ていると動き出しそうな気配を漂わせている。

　ここは、室町時代に光厳《こうごん》天皇の皇女・華林宮恵厳禅尼《かりんのみやえごんぜんに》によって建立《こんりゅう》以来、代々の門跡を公家《くげ》の息女が継ぐ習わしであった。その縁で宮家のお姫《ひい》さまが多く身を寄せてきた。徳川家に降嫁《こうか》した和宮《かずのみや》なども一時ここに暮らしたという。

〈宝鏡寺〉の人形は、「時代の人身御供《ひとみごくう》」となった宮様たちを慰めるために贈られ、増えていったのが発端とされている。そして、くだんの人形供養は、本覚院宮歿後《ぼつご》も夜回りをやめなかったという万勢伊さんから魂を抜く儀式を事の始まりとしているのだ。

　閉ざされた世界に生きる夢見がちな少女の孤独が、それらに生命を与えたとしてもなんの不思議もない。また、そんな夢想がこの美しい檻《おり》に幽閉された少女たちの心のなかでリアリティを持ったとしてもなんら違和感はない。

万勢伊さんの言い伝えは、怖いというよりむしろ哀《かな》しい物語といえよう。

あるいは本覚院宮には、式神を使役した安倍晴明《あべのせいめい》めく〝力〟があったのだろうか？

緋縮緬《ひぢりめん》の裾《すそ》を捌《さば》いて、さり……さり……さり……と万勢伊さんが想像のなかを摺り歩きし始める。

異形 五
夜叉神

❼東寺（教王護国寺） 南区九条町一

日本は神仏混淆《こんこう》である。京都にいると、とてもよくわかる。寺院には必ず鎮守社が置かれているし、廃仏毀釈《きしやく》を契機にその鎮守社が母屋《おもや》を乗っ取った例もたくさんある。だが、実はオリジナルの寺院も元は神社だったりする。昨日の仏は今日の神。もう、なにがなにやらだ。

その挙句、京都人は家の信仰とは関係なく、神も仏もお稲荷《いなり》さんも、みんなまとめて「まんまんちゃん」と呼び、宗派も流儀もあらばこそ「あん！」と拝むようになる。早い話が方便だ。宗教が近しいからこそ、宗教に一定の距離を置いて暮らしている。

遷都《せんと》と同時期に、国家（王城）鎮護を目的に建てられた平安京初の国営寺院〈東寺〉。これほど由緒《ゆいしょ》正しい古刹ですら長い歴史のなかで様々な変遷があった。その証人とでもいえそうなのが【夜叉神《やしゃじん》】と呼ばれる雌雄一対の彫像である。

夜叉神は弘法《こうぼう》大師空海の作と伝えられ、いかにも荒ぶる神らしい迫力のある姿。かつては正門に当たる南大門に置かれていたが、門を通る者が礼を尽くさないときは直ちに祟《たた》ったという。

そこで中門（江戸期に焼失）の左右に収められることになったというのだが、これはおかしな話だ。いまのように御堂に隔離されるなら理解できるが、災い為《な》すと知れているものをどうして、そんな目立つ場所に移動させたのか。だが、辻褄《つじつま》が合わないのはそれにとどまらない。

仏教に取り込まれて護法神となった夜叉神が〈東寺〉にあるのは不思議ではない。ここに「吉凶ヲ告ル」三面六臂《さんめんろっぴ》の〝奇神〟あり——と夜叉神についての空海自身の言及が寺伝に残る。が、こんにち【夜叉神】として祀《まつ》られているものは三面六臂ではないのだ。

おそらく空海のいう中門の夜叉神とは、境内「講堂」の金剛夜叉明王立像のことではないか。と、ならば正門の【夜叉神】はどこに行ってしまったのだろう？

また空海は、それを摩多羅神だともいう。これはのちに愛染明王《あいぜん》と習合される神。当時〈東寺〉の鎮護社〈伏見稲荷大社〉が愛染明王信仰の中心だったことを考えると納得のいく話だ。しかし本来の夜叉神は羅刹《らせつ》とともに毘沙門天《びしゃもんてん》の脇侍《きょうじ》。北方の守護神。南門にも〈東寺〉にもそぐわない。こいつは辻褄が合わない。

つまり、である。正門の【夜叉神】は、そう呼ばれているだけで【夜叉神】ではないのだ。東方を護《まも》る十二神将も【夜叉神】のお仲間だから便宜上「そうしておいただけ」ではないか。

人に災厄をもたらす異形の神を門柱に掲げるのは、さすがに外聞が悪かったからだろう。と、私は想像する。外敵を阻《はば》むため、ときには異形の奇神が必要だったのだろう。

つまりは武器として。

ただ、正門の【夜叉神】はあまりにも激しい呪力《じゅりょく》を備えていたため、ひっこめざるを得なかったのだ。そのまま祀っていてはヤバイと判断したに違いない。

神は祟る。仏は救う、が、神仏混淆のミヤコでは仏もまた祟る。

異形 六
人形

❽粟嶋堂宗徳寺　下京区岩上通塩小路上ル三軒替地町一二四
❾上賀茂神社　北区上賀茂本山三三九

古来、人の形をしたものには何かが宿るとされる。宿るものの正体は知る由《よし》もない。けれど、私くらい鈍い人間ですらそれを感じることはままある。それほど人形《ひとがた》の放つオーラは強い。

京の人形寺〈宝鏡寺〉で面白いものを発見した。それは「人形のお守り」だ。その名の通り人形に持たせるお守りだが、だからといって人形の無病息災を祈る、着せ替え遊びのパーツみたいな護符ではない。人形が不幸を招く存在にならないようにするための「封印」なのである。

説明書には「私たちの心を癒《いや》しなぐさめてくれる」はずの人形が「人を悲しい目や辛《つら》い目に遭わせるようになるとは考えたくありません」とある。いかにも京風の曖昧《あいまい》な表現だ。が、この後に「けれど、しばしば人形はそういうものになってしまいます。だからこのお守りを持たせて下さい」……という言葉が隠れているのは疑いようもない。

〈粟嶋堂宗徳寺《あわしまどうそうとく》〉もまた人形供養をして下さる古刹。奉納された市松《いちま》たちがずらりと並ぶ人形舎がある。以前、私はこちらでものすごく「見られている」居心地の悪さを経験した。たぶん不躾《ぶしつけ》に眺めていたから、失礼ねッ！　とジロジロ見返されたのだろう。

また以前、友人宅にあったビスクドールが呼吸をしている気がしてしかたないこともあった。一ヶ月分の給料をはたいたと聞いてエーッ！　と思ったが、彼女の衝動が理解できなくもなかった。「人形に選ばれちゃったのよ」と彼女は言っていた。

「人形が好き」な人と「人形が怖い」という人はその実、同じ理由で惹《ひ》かれ、あるいは怯《おび》えている。人形に籠もる魂魄《こんぱく》というか〝精〟というか、擬似生命みたいなものに反応しているのだ。

こうした人形の依代《よりしろ》的性質を利用して、無病息災を願う儀式がある。【人形流し】である。いくつかの神社で行われているが〈上賀茂神社〉のそれが有名だろう。六月の「夏越大祓《なごしのおおはらえ》」に付随する神事として、平安時代から連綿と続いてきた。

拝領した紙の【人形《ひとがた》】に氏名と年齢を記し、それで体を撫《な》で穢《けが》れを移し、息を吹きかけ己の命を分け与える〝お身ぬぐい〟の儀式を施し、身代わりとして奉納する。それを神職が境内の「ならの小川」に橋殿上より流す。闇《やみ》から湧《わ》きあがるような雅楽に送られ人形たちは贖罪《しょくざい》の旅にでる。

人形《ひとがた》は、いまだ京都人の生活に深くかかわっている。地元のお祭前に回覧板に添付されてきたりして、よそから移住してきた人間はちょっとビビる。都合をみて〝お身ぬぐい〟しておき、あとで世話役さんが回収して産土神《うぶすながみ》（その土地と地域住民を護るカミサマ）へ納めにゆくのだ。

ほー。人形って便利だねえ。財布に入れときゃ災難除《よ》けになるねえ――などとはくれぐれも考えないでいただきたい。水に流す、燃やすといった《浄化》を伴わぬ人形を身につけるというのはアースのない避雷針を持ち歩くようなものなのだから。どうしてもというならば〈宝鏡寺〉に「人形のお守り」を発注してからが無難だろう。

異形 七　お賓頭盧さま

❿雲林院　北区紫野北大路大宮下ル雲林院町二三
⓫八坂庚申堂　東山区東大路東入ル金園町三九〇

「おかあちゃん、アレなに？」

洛北《らくほく》の古刹《こさつ》〈雲林院〉。母親のスカートの端をぎゅっと握り締めて子どもが訊《き》いている。若い母親は、花が咲きこぼれるように笑って答えた。

「アレか？　アレはな、ずるむけ坊主《ぼうず》え。悪いことしたら夜中に皮を剝《は》ぎにきはるんえ」

違《ちゃ》う違《ちゃ》う。そんなもんいーひん、いーひん。アレは【お賓頭盧《びんずる》さん】。れっきとしたホトケさまの仲間である。かわいそうに子どもはすっかり怯えていた。

「そやで。おっちゃんも昔やられたわ。でぼちん（額）の上のとこにグッと尖《とが》った爪《つめ》を引っ掛けてなあ、バナナの皮みたいにベローンて捲《めく》りよるんや」

てなことを言いたくなる気持ちをぐっと押さえて私は境内をあとにした。

ずるむけ坊主、もといお賓頭盧さんとは、お釈迦《しゃか》様の弟子で十六羅漢の筆頭に数えられる聖者。正式名称を賓度羅跋囉惰闍《びんどらばらだじゃ》尊者《そんじゃ》という。釈尊の呵責《かしゃく》を受けて涅槃《ねはん》を許されず、釈尊入滅後も衆生《しゅじょう》を救い続ける義務を負わされているとか。それゆえ、かくも厳しいお顔つきをなさっているらしい。

京都の寺院を訪ねると、あちこちで【お賓頭盧さん】に出会う。お釈迦様を怒らせた原因は酒らしいが、きっと酔っ払った上で子どもの皮くらい剝いだだろうと思わせるくらいに凶悪なご面相で座っておられる。もともと憤怒《ふんぬ》の相に彫られているうえに、たいがい塗装が落剝《らくはく》していよいよ怖くなっているのだ。ほとんどが雨曝《あまざら》しだし、病人が患部と同じところをさすって治癒を祈願する「撫で仏」でもあるので、ずるむけ坊主になっ

てしまうのだ。

〈雲林院〉に加え〈廬山寺《ろざん》〉〈引接寺《いんじょう》〉あたりのお賓頭盧さんが私のお気に入り。奈良の〈東大寺〉大仏殿前にある像ほどの迫力はないが、いずれも押しの強い、いい面《つら》構《がま》えをなさっている。

ちょっと雰囲気は違うが、〈八坂庚申堂《こうしんどう》〉にある【お賓頭盧さん】もかなりイケている。

境内中央、鎮座まします御輿《みこし》の庇《ひさし》から、奉納された寺の名物、数珠《じゅず》繋《つな》ぎの「くくり猿」が甚雨《じんう》のごとくぶらさがっているのである。とくに夜、ライトアップされて色とりどりの小さな布人形に囲繞《いにょう》されたお賓頭盧さんは近未来SFに登場する異形《カルト》の生き神様みたいだ。

「おかあちゃん、アレなに？」

「アレか？　アレはな、ずるむけ坊主え……」

振り返ったそこに親子連れがいた。〈雲林院〉で見た二人とは違う。と、思う。第一、何年も前のことだ。同じなはずがない。知らないうちにそんな都市伝説が流行《はや》っているのか。

ひょっとして、お賓頭盧さんと見せかけて実は本当にずるむけ坊主だったら厭《いや》だな、とか益体《やくたい》もないことを考えながら私は境内をあとにした。

異形 八
闇の狛犬

⓬大豊神社　左京区鹿ケ谷宮ノ前町一
＊末廣大神　伏見区深草開土口町

哲学の道の終点近く。〈大豊神社〉は【異形の狛犬《こまいぬ》】がある。境内摂社の日吉社に狛猿、愛宕《あたご》社に狛鳶《こまとんび》が据えられているのだ。狛鼠《こまねずみ》もいる。縁結びのカミサマらしい。この近くに所用があるとき必ず私はここにまで足を延ばす。一見ユーモラスだが、なにか秘密を隠しているような気がして妙に惹《ひ》きつけられるのだ。

社寺の入口に置かれた獣像は、厳密には獅子《しし》と狛犬の対である。向かって右の阿形《あぎょう》像が獅子。左の吽形《うんぎょう》像が狛犬。また本来、狛犬には角がある。獅子といってもライオンではなく、狛犬といっても犬の仲間ではない。いずれも龍《りゅう》や麒麟《きりん》同様、想像上の動物なのだ。

狛犬は平安時代にはもう日本に渡っていた。信仰対象をガードする守護聖獣とも、神仏から遣わされた「神使《しんし》」ともされる。が、いずれも通説であり、その来歴も目的も意外やはっきりしていない。そのあたりの謎《なぞ》めいた性格も私が狛犬に惹かれる理由のひとつだ。

京都にはいくつか他にも特殊な狛犬がいる。私が一番驚いたのは〈伏見稲荷大社〉の側《そば》に建つ〈末廣大神〉の社。ここに鎮座しているのは、なんと狛蝦蟇《こまがま》なのである。

だが。

児雷也《じらいや》でも祀っているのかと思ったら道教の社であった。しかし、なぜ蝦蟇？　たしかに道教のカミサマには劉海蟾《りゅうかいせん》なる仙人がいるけれど、だとすれば蝦蟇の脚は三本のはずだが。

私が知る限り最も異様な狛犬は洛中の某神社に棲息《せいそく》している。いや、形はごく普通なのだ。しかし私はひどく胸騒ぎを感じた。

閑静な住宅街のなか。そこは由緒はあるが観光客の来るような場所ではなく、境内もさほど広くない。本殿は鰻《うなぎ》の寝床のような造りで、賽銭《さいせん》箱のある正面から拝殿までが通路のようになっており、二メートルほど距離があった。神主が祝詞《のりと》をあげたりするためだろう。

狛犬は、その空間にいた。左右に配された石組みの立方体の上、なぜか二匹は拝殿のほうを睨《にら》んで。木像なのはわかった。けれど屋根が渡され、灯りひとつない内陣にあって詳細は見えない。塗られた漆が黒く沈んでいる。かなり古そうだ。正面には回れないので、背を向けた狛犬がどんな表情をしているのかは窺《うかが》い知れない。

私には、それらの狛犬が、まるで拝殿に住まう者を威嚇《いかく》しているように思えてならなかった。神社の駒札《こまふだ》によれば、祀られているのは記紀神話において災厄神と畏《おそ》れられる獰猛《どうもう》なカミサマである。もしかしたら狛犬には守護聖獣としてでも神使としてでもない別の役割があるのではないか。神を封印するための結界を閉じるという役割が。もしくは神に近づき過ぎて祟りを受けないように警告を発する装置なのかもしれない。

薄闇の中で鬣《たてがみ》を逆立て、牙《きば》を剝《む》いて身構える獣の低い幻の唸《うな》り声が聞こえる。

＊黄檗山萬福寺　宇治市五ヶ庄三番割三四
⓭岬神社　中京区蛸薬師通河原町東入ル備前島町三一七-二
⓮宥清寺　上京区一条通七本松西入ル滝ヶ鼻町一〇〇五-一

異形 九
魔像

仏像が好きだ。そして〈東寺〉の帝釈天半跏像《たいしやくてんはんか》や、あまりに有名な〈広隆寺〉の弥勒《みろく》菩《ぼ》薩半跏思惟像《さつはんかしい》などといった美の極致はもちろん、それ以上に異形の【魔像】を愛している。

「魔」といっても悪魔、魔物の「魔」ではない。魔境や魔法といった言葉が孕《はら》むスリリングな魅力を湛《たた》えた……という意味での「魔」像である。京都は魔像の宝庫だ。

まず魔像といって私が思い出すのは〈千本ゑんま堂（引接寺）〉の【閻魔像《えんま》】。炯々《けいけい》たる金色の瞳《ひとみ》は、観《み》る人間を罪深い亡者《もうじや》の気分にさせる。中国・南北朝時代の実在の僧侶《そうりよ》を写したという〈西往寺〉の宝誌和尚《おしよう》立像もすごい。蛹《さなぎ》の背が割れたように顔の中央がパクンとひらき、なかから十一面観音が覗《のぞ》いているのだ。〈京都国立博物館〉寄託。展示品として観賞してすら総毛立つのだから、本来の御堂に置かれたらどんなであろう。想像するだにぞくぞくする。

だが、それらも〈黄檗《おうばく》山萬福寺〉の【羅怙《らご》羅尊者像】の前では印象が薄くなってしまうに違いない。羅漢さんはだいたい怪異な作像が多いけれど、これは際立《きわだ》っている。なにしろ自分の腹を両手で裂きハラワタを見せているのだ。そして、そこには金ピカのお釈迦様の顔。

「己の内なる〝仏性〟を示している」のだそうだが、説明書きを読まなければ、どんな異端の神かと思ってしまいそうだ。私はクトゥルーとか古代インカの魔神を想起した。人間の脆弱《ぜいじゃく》さが露《あら》わになるような圧倒的な力を感じる。

この古刹には金色の布袋《ほてい》さんだの、華南の習俗である死者追善のための紙製家屋〈冥宅〉脇《わき》に佇《たたず》む異様な紙人形【陰陽官】だの魔像がしこたまある。恐怖という感覚はしばしばユーモアと相性が良いけれど、〈黄檗山萬福寺〉はそれを証明している場所ともいえよう。ただし元気なときに行かないと、精も根も尽き果ててしまうだろう。

魔像はまたなにげない市井《しせい》にも埋もれている。それらには信仰や思索性といった崇高な目的がない。ときには制作者や注文主、寄進した人間のエゴが丸出し。いわば聖性を剝奪された魔像である。これは怖い。「恐ろしいものを造ろう」という意図すらもなく生まれてきたものゆえ、ピュアな邪悪を感知してしまうとでもいえばいいだろうか。

たとえば〈岬神社〉。のちに土佐藩邸内に取り込まれたことから現在は〈土佐稲荷《いなり》〉の名で呼ばれている。ささやかな祠《ほこら》は河原町と木屋町に挟まれた繁華街の只中《ただなか》にあって、時間に置き去りにされたような寂しさが漂う。で、ここにある【龍馬像《りょうま》】がそれはもう立派な魔像なのである。

きっと設置された当初はとりたててなんということはないオーナメントであったろう。何度目だかの新撰組《しんせんぐみ》・幕末ブームにあやかろうとしたのかもしれない。さて、問題はこの像の顔面だ。これが見るも無残な様相を呈しているのだ。酸性雨で溶けでもしたのかと思ったら、どうも龍馬ファンが削り取っていった結果らしい。なんともスサまじい話である。現在は修復されているが、よかったような残念なような（笑）。

異なるベクトルではあるが、やはり近場にいると確認しないではおれない魔像がもうひとつ。それは〈宥清寺《ゆうせい》〉の銅像である。制服の少年少女が円盤を掲げた作像は宇宙のナニカと通信しているのか？

というか、そもそも公の目に触れる場所に銅像を設置するという行為に私は不穏なものを感じてしまうのだ。ひとつとして京都の街に溶け込んだものを寡聞《かぶん》にして知らない。京阪三条駅前の高山彦九郎の通称〝土下座〟像のような稀有な例を別にして美観の足しになるどころかたいがいは邪魔になっている。

きっと、このブロンズを違う場所で見たとしたら魔像でもなんでもないと思う。寺院の境内というシチュエーションとの違和感が、像に魔を与えているのだろう。似たような例は京の寺院のあちこちにある。好き嫌いを超越して、それらから目を離せない。

異形十
人喰い地蔵

⓯白峯神宮　上京区今出川堀川東入ル飛鳥井町二六一
⓰崇徳天皇御廟所　東山区安井北門通上ル万寿小路西側
⓱聖護院積善院準提堂　左京区東大路春日上通東入ル聖護院中町一四

京に恨みを抱く怨霊といえば、まず思い出すのは北野を始め、数々の〈天満宮〉に祀られた菅原道真《すがわらのみちざね》だろう。大宰府に左遷され、失意のなかで死に、烈しい望郷の念が彼を魔に変質させた。ついで〈御霊神社〉に祀られた面々。早良《さわら》親王や橘 逸勢《たちばなのはやなり》、吉備真備《きびのまきび》といった政変の犠牲者。彼らは無実の罪を着せられて死に追いやられた人々である。朝廷への憎しみが凝《こご》ったように悪鬼となって都大路に起《た》ちあがった。

洛中を襲う災害、伝染病、天変地異などを、それらの怒れる魂による復讐《ふくしゅう》だと考えた京都人は、とりあえず彼らを神に列することにした。畏れ敬い、祭もて慰撫することでなんとか鎮まってもらえるよう奉《たてまつ》ったのである。なにしろ日本には、すでに八百万ものカミサマがいるのだから、ちょっとくらい増えたって構いはしない。ゴホンといえば龍角散なみに気楽に神社は林立してゆく。

ところで正味の話、菅公より八所御霊の皆々様より、もっとずっと深く深く暗く暗く京都を憎悪《ぞうお》していた男が別にいる。彼に比べたら、ほかの怨霊たちなど取るに足りないといってもいいくらいだ。なにしろ「われ魔界に堕ち、天魔となって人の世を呪わん。人の世の続く限り、人と人とを争わせ、その血みどろを魔界より喜ばん」なんて台詞を残しているくらい彼は恨み骨髄であった。保元の乱に敗れ、後白河天皇に流刑にされた七十五代天皇・崇徳《すとく》院（一一一九〜一一六四）である。

これは、のちに物語などで脚色された慟哭《どうこく》ではあるだろう。が、せっかく流刑地より宮中に奉納した経文の写本を送り返され、ヒスった挙句に舌を嚙《か》み切り、その血でもって写本の行間に「日本国の大魔縁となり皇を取って民とし民を皇となさん」「この経を魔道に回向《えこう》す」などと書き込んだのは本当のようだから、キョーレツな怨念を滾《たぎ》らせていたのは事実に違いない。

けれど、なにより興味深いのは〈天満宮〉〈御霊神社〉に相当する〈白峯神宮〉が明治になるまで建立されなかったということだ。いや、私は縁切りで有名な〈安井金毘《こんぴ》羅《ら》〉を忘れているわけではない。けれど、こちらの来歴を調べた限りでは、どうやら崇徳院の怨霊鎮護を目的に勧請された神社ではなさそうなのだ。彼が讃岐にて帰依していた金毘羅大権現を祀る行為は、むしろ魔道に回向した崇徳院を称えているかのように思えてしまう。現在はともかく、オリジナルの安井金毘羅には、そういう性格があったと見るほうが、むしろ自然といえよう。

実は、怨霊の暴れまくる——つまり災厄が続き、人心麻の如く乱れる京の状況をドゲンかせんといかんと後白河法皇は崇徳院の御所に〈粟田宮〉という神社を勧請している。いまの京大附属病院あたりにあったようだ。粟田の主柱は強力な厄神でもあるスサノオだから獰猛な怨霊を重ねるには適切な選択だが、どうやら崇徳院のパワーのほうが上回っていたらしい。いつしかここは廃れ、もはや〈崇徳天皇御廟所〉なる忘れ去られたような遺構が、楠の巨木の陰に残るばかりである。

もうひとつ。聖護院は〈積善院準提堂〉にある「崇徳院地蔵」も粟田宮跡から移されたものと言われる。後白河法皇ではなく怨霊を畏れる市井の京都人たちの間で自然発生

的に生まれた信仰対象であろう。通称の「人喰い地蔵」は「すとくいん」が転訛《てんか》したものと説明されているけれど、私の鼻先をもう少し血腥い匂いがかすめる。

たとえば【生贄《いけにえ》】である。そう考えれば「人喰い」と呼ばれる理由も非常にあきらかではあるまいか？　どうしても対処しきれぬ恐怖を凌駕するため、ひっそりと選ばれた犠牲者の血が石像に捧《ささ》げられていたとしても不思議ではない。

京都における怨霊のパワーは、生前の愛情に比例するといってもいい。この地で息絶えた歴史上の人物は数限りないけれど、織田信長《のぶなが》や平《たいらの》〝新皇〟将門《まさかど》など、かなりキョーレツに怨霊化しそうな連中が意外とおとなしかったりするのは都市への執着が足りなかったからだろう。可愛さ余ってこそ祟りはミヤコに降りかかる。京都人が、なんだかんだいって怨霊になった人々が好きだったりするのは、やはり彼らの気持ちに共鳴するからかもしれぬ。

異形 十一
広沢池

＊佐野藤右衛門邸　右京区一条山越通西入ル山越中町一三
＊広沢一号墳　右京区嵯峨広沢池下町八二　堀川高等学校嵯峨野グラウンド内

――まるで夕月が砕け散ったように、ぬばたまの闇のなかをほろほろと枝垂《しだ》れ桜が降りそそぐ。篝火《かがりび》に照らされて、つかのまの微睡《まどろ》みにも似た美が出現する。ひとときの春の宵の夢。桜守、佐野藤右衛門氏の邸宅桜園が公開されるときにだけ訪問者が共有できる、それは陶酔である。

――まるで時間を超えて原始宗教の祭祀の場に紛れ込んだような気分だった。【広沢《ひろさわ》の池《いけ》】の畔《ほとり》。その庭には、そこかしこに巨大な女陰と男根が散乱していた。陽物崇拝の偶像めいて、艶やかな石造りの性器は怪しく火影に揺らめく。それらは確かに繁栄の象徴ではあるのだが、その烈《はげ》しいエネルギーは現代人を不安にさせる。

……と、実はこれ、同じ場所についての記述なのだ。花の盛りに佐野氏が「植藤造園」の一部を夜間に一般公開して下さるのは桜好きの間では有名で、毎年楽しみにしている者も多い。京都人の密《ひそ》かな愉悦である。一方、ヘンテコなもの好きたちが「チンマン王国」あるいは「ちんまんランド」と呼び、こっそりと訪れている〝性器の楽園〟も同じ敷地内にある。いずこかの温泉宿の注文で彫ったついでに、いくつか面白がって拵《こしら》えられたものらしい。が、なんともはや異様な風景である。

インターネットのブログなどを見ていると、甘美な夜桜見物について書かれたものは散見するし、チンマン王国探検記もいくつか見つかる。けれど、それを同時に紹介した記事はどこにもない。キーワードに「植藤造園」「チンマン王国」と記入して検索《グーグル》しても「一致する情報は見つかりませんでした」と冷たく突き放される。

そのどちらをも愛する人間としては、こういうものを等価に扱ってこそ、一緒に味わってこそ京都という都市の本質的な魅力が理解できるのだと思っているのだが。

それにしても広沢池周辺というのは奇妙なものが多い土地である。さすが平安時代に「バーチャル彼岸」とされていただけのことはある。ときの貴族たちは「幽玄」「もののあはれ」を求めて洛中から広沢池を経て西山へと遊山したのだ。永祚元《えいそ》（九八九）年、〈遍照寺〉建立に伴い庭池として造営された人工池といわれており、それだけでもスゲエなと感心する。土木技術だけでなく、そこまでして死後巡りを味わおうとした彼らの酔狂というか根性というか趣味性に。

大宮人たちは死と美が隣り合わせにあることを知悉《ちしつ》していたのだろう。夜桜とチンマンが空間を共有しているように。

このあたりにある原京都的な、アンビバレンツな面白さを伝える遺構の代表が堀川高校の校外グラウンド内に残る石像だろう。藤右衛門邸から北に広沢池を眺めつつ歩いて半ばあたりを左手に下ればすぐに見つかる。野球のバックネットが立てられた、その裏側に鬱蒼《うっそう》と樹々の繁る場所があり、巨石が雑然と積み上げられている。これは古墳時代後期の〈広沢一号墳〉という円墳跡。実は平安期にはすでに現在と変わらないほど陵辱《りょうじょく》されてしまっていたらしい。以来、千年ほったらかしなのだ。

私のいう石像は小祠に納まってぽつんと地面に投げ出されている。人の膝丈ほどで決して大きくはないけれど、まさに異形。カッと見開いた目。歪んだ鼻。ぼってりと厚ぼったい唇。一瞬、伊藤若冲《じゃくちゅう》が〈石峰寺〉に奉納した五百羅漢のプリミティヴな造形を思い起こさせる。が、与えられる印象は決定的に異なる。こちらの石像は、あきらかに威嚇の表情を浮かべている。

この異形像は、背後の古墳に納められていた石棺を素材としている。まさか装飾として刻まれていたわけではなかろう。おそらくは後年、何者かの手によって彫られたには違いない。相当に古いものではあるようだ。が、なぜ一体きりなのだろう。材料となる手頃な石が山と転がっているのに。もっとあったが盗まれたというなら、なぜこれだけが遺棄されたのか。そもそも同時代に造られた類似タイプの石像が発見されないのはどうして？　疑問はつきない。

いくら磨耗《まもう》しているとはいえ、これには彫像時の鑿跡《のみあと》がひとつもないのだという。

追記

まことに残念ながら「チンマン王国」は滅亡してしまった。表通りからは秘匿されていたにもかかわらず、そこを〝畏れ多い方〟が車で通られるという理由で〝畏れ多い方庁警察〟から撤去を命じられたのだそうだ。〝畏れ多い方〟にはなんの責任もないがなんだか納得がいかない。

怖いこわい伝説

伝説一
丑の刻参り

⑱鉄輪の井戸　下京区堺町通松原下ル鍛治屋町
⑲地主神社　東山区清水一

京都を飾る数々の怖い伝説のなかでも最も有名なもののひとつが【丑《うし》の刻参り】であろう。その発祥の地が、ここ。静かな住宅街の並びにひっそりと口をあける露地の奥。呪殺《じゅさつ》者の代名詞ともいえる鉄輪《かなわ》の女が、いまも祀《まつ》られている。

まるで彼女が槌《つち》を振るった貴船の森の、真夜中のオゾンが満ちているような独特のひんやりした空間がここには凝《こご》っている。〈伏見稲荷《いなり》大社〉から勧請《かんじよう》された〈命婦稲荷社〉の脇《わき》に控える井戸は、鉄輪の女が満願果たせず身を投げた場所ともされ、かつては弔い塚も築かれていた。

鉄輪の女はごくありきたりの女房であった。それが旦那《だんな》の浮気に正気を失い、魔が差して情動に流された。姦計《かんけい》を廻《めぐ》らせた結果ではない。ただただ呪詛《じゅそ》を吐き出すために彼女は木槌と藁《わら》人形を摑《つか》んで都大路に身を躍らせた。

顔に丹《に》を塗り、松脂《まつやに》で髪を逆立て、五徳を頭に戴《いただ》いて女は自らを鬼神に仕立てた。でなければ呪詛など叶《かな》わぬ平凡な女だったからだ。しかし同時に鬼神に身をやつせるほどの妄執に憑《つ》かれているのも事実であった。どこにでもいる当たり前の女を、そんなふうに変えてしまう嫉妬《しっと》こそが化物であったといえよう。

稲荷社が町内守護の目的とともに女の鎮魂を願っての勧請だったのは想像に難くない。寛文八（一六六八）年創建というから第四代将軍、徳川家綱の代。おそらくこの頃【丑の刻参り】は伝承・俗説として民間に一定のスタイルが認識されたと考えてよかろう。

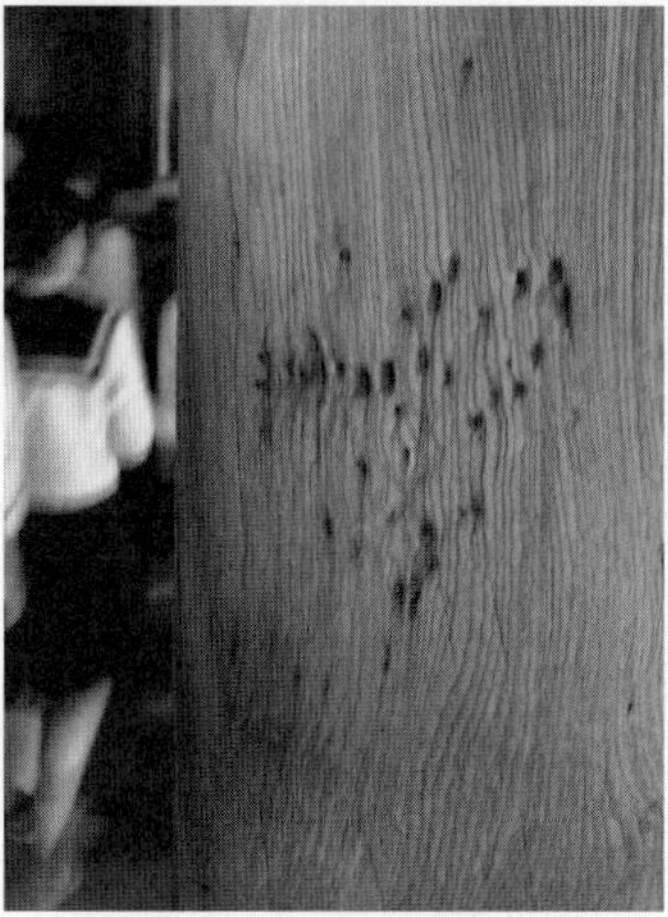

殉死禁止令が出されるなど、江戸期がまさに太平の眠りに落ちんとする時代。また、将軍宣下が京都ではなく江戸で行われることになった、ミヤコの凋落《ちょうらく》を象徴する時代でもあった。虚弱体質であった家綱の逝去を巡り、有栖川宮《ありすがわのみや》家親王を世継にせんがための朝廷による呪法調伏の噂《うわさ》がまことしやかに囁《ささや》かれたのは、京都人が心に秘めた欲望の無意識の現れだったかもしれない。

ともあれ「もはや戦国ではない」という

気分の広がりとともに、平安京が裏の文化として育《はぐく》んできた呪詛というものが再びキーワードとしてクローズアップされたのは興味深い現象だといえよう。そんな時代背景を母体に鉄輪の女は産声《うぶごえ》を上げたわけだ。安寧と不安。この二つが奇妙な均衡を得たとき、それは実体を持つ。

京にはあまたの神域に【一願成就《じょうじゅ》の杉】が聳《そび》えている。伝説上では貴船（と、鞍馬《くらま》の山間《やまあい》）にある樹《き》を鉄輪の女はめざしたことになっているが、どう考えても地理的に無理がある。たぶん物語に現実味を持たせるために、かつて夫の心変わりに懊悩《おうのう》した和泉式《いずみしき》部《ぶ》も赴いたとされる〝ブランド〟が選ばれたのだろう。実際は近隣の神社へと彼女は通ったのではないか。

たとえば〈清水寺〉鎮守杜、縁結びの〈地主《じしゅ》神社〉境内にも釘跡《くぎあと》が点々と飛び散る切り株が残る。それどころか暗闇に目を凝らせば懸崖造りの観音堂の柱にも釘跡は幾らも見つかる。丑の刻参りは、その動機同様ありきたりの行為として碁盤の目を覆《おお》っていたに違いない。

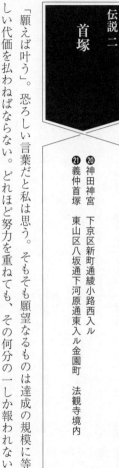

伝説 二　首塚

⓴神田神宮　下京区新町通綾小路西入ル
㉑義仲首塚　東山区八坂通下河原通東入ル金園町　法観寺境内

「願えば叶う」。恐ろしい言葉だと私は思う。そもそも願望なるものは達成の規模に等しい代価を払わねばならない。どれほど努力を重ねても、その何分の一しか報われないのがこの世の倣《なら》い。なのに願っただけで叶っちゃったら、どれだけのお代が要求されるか想像するだに怖い怖い。

「願えば叶う」は【呪《のろ》い】である。もし、そんなご利益《りやく》を掲げる神社があるなら、それはきっと成就と引き換えに嘆願者へ課される不幸を目的にしているに違いない。

やはりこの街は懐《ふところ》が深いというべきか。京の裏道はそんな呪神の祠《ほこら》をひっそりと隠していたりする。嘘《うそ》か真《まこと》かは知らねども、私が聞いた〈神田神宮〉にまつわる伝説にはゾッとするような妙なリアリティがあった。

もっとも「神宮」といっても、ここには鳥居すらない。民家と一体化しており、まるでお地蔵さんみたいだ。祭神は平将門。そう。ここは日本三大祭のひとつを主宰する東京は〈神田明神（神社）〉のオリジナルとされているのだ。あまりにも落差があってにわかには信じ難い。だが、彼が晒《さら》し首にされたのは京。本家があっても不思議ではなかろう。祠が貧相なのは、これも致し方ない。坂東《ばんどう》ではヒーローかもしれないが、こっちじゃ朝敵なのだから。

我が強い一族の嫌われ者。身内とのトラブルの果て「ええかげんにおしやす」と朝廷に見離されると、さんざん世話になった恩を忘れて自ら「新皇」と名乗り反旗を翻した。――京都人にとって将門とはそういう男である。ある意味で彼も、「願えば叶う」教信者であった。

乱の鎮圧後、七条河原に晒された生首はカッと目を見開いたまま夜ごと「体はどこやー！」と怨嗟《えんさ》を撒《ま》きちらしたという。往生際《おうじょうぎわ》の悪いヤツ。現在の〈神田神宮〉は、そんな惨状を見兼ねた空也上人《くうやしょうにん》が念仏して首を弔った塚の跡。首が大手町まで飛んでいって云々《うんぬん》というのは、幕府が反京のシンボルとして将門を勧請し、江戸総鎮守社とするにあたっての創作縁起にすぎぬ。

京の〈神田神宮〉にまつわる伝説。それは霊験《れいげん》の凄《すさ》まじさである。怖いくらいアラタカで、三度も参ればどんな願いも叶ってしまうのだとか。ただし、もっとも皮肉な形で。たとえば借金の返済に困った男は、最愛の妻を失い保険金を手に入れた。不倫の恋を実らせた女性は、暮らし始めてすぐに彼がDV男だと思い知った。ダイエットの成功を望めば拒食症で骨と皮になり、合格祈願して入った学校では在学中原因不明の奇病に悩まされ続ける……。

同じように恨みをのんでいても、〈法観寺〉境内にある木曾《きそ》義仲の【首塚】ではそんな話は聞かないので、やはり将門は特別な存在といえよう。彼をして〝武士《もののふ》の魁《かい》〟とする見方があるけれど、侍とは祟《たた》るにしても、なかなかエゲツナイやり方をするものらしい。

けれどなにが怖いといって、そんな実《まこと》しやかな伝説を知ってか知らずか熱心な参拝者が〈神田神宮〉にはいまだ引きも切らないという事実こそ私の心胆を寒からしめる。

伝説 三
蛇神様

＊蛇塚古墳　右京区太秦帷子ノ辻下ル面影町

私のある友人は、枕元《まくらもと》に食べ物を置いておかないと眠れない。

その理由を説明するには、まず彼の実家の近所にある〈蛇塚古墳〉について話す必要がある。

平凡な建売住宅にぐるりを囲まれた蛇塚古墳は、この一帯に散らばる古墳群を代表する遺構。たぶん京に数ある奇景のなかでも最も異様なもののひとつであろう。まるで過去から呼び戻されて現代に突如古代遺跡が出現したかのごとき風景だ。

オリジナルは全長七十五メートルにも及ぶ横穴式前方後円墳だったが、現在は覆っていた封土がなくなり巨石を組んだ十八メートル近い石室と玄室（棺《ひつぎ》を納める部屋）が露出した状態になっている。明日香の石舞台古墳に並ぶ日本最大級の規模で、その偉容からこの地域一帯を拠点にしていた秦《はた》氏の総領・河勝の墓ではないかともいわれている。

いまはフェンスに囲われ、敷地には花が植えられたりしているが、三十年くらい前まで蛇塚古墳には誰でも侵入できたらしい。くだんの友人によれば地域に住んでいるガキどもの恰好《かっこう》の秘密基地だったという。私の年代くらいまでは、そういった文化財のなかで子どもが遊べる、遊んでいるのを発見されても「コラ！」で済んでしまうほど京都は鷹揚《おうよう》であった。

そんなある日、学校が終わっていつものように蛇塚古墳へ飛んでいった友人は、そこで予期せぬ先客に遭遇した。友人に気づいたその男は、石板の陰から低く唸《うな》って幼い侵入者を威嚇《いかく》したのだという。めちゃめちゃ怖かってん！　と、彼は言った。

「最初は犬かと思たんや。そやけどホームレスの人やった。あ、あの頃やしルンペンやな。ぼさぼさの毛ェで、前も後ろも判《わか》らんくらい真黒で……」

男の噂はガキ・ネットワークをたちまち伝播《でんぱ》。だが、もちろん大人には内緒。怖い物見たさで日々集まる子どもの数は増えていったらしい。ブライアン・フォーブス監督の映画『汚《けが》れなき瞳《ひとみ》』のようである。が、決定的に異なるのは、その噂に尾鰭《おひれ》はおろか角や尻尾《しっぽ》まで生えて、いつしか男が魔物と化していったところであった。

「蛇塚の蛇を食べて生きとるらしいで」

「宇宙猿人ゴリやて兄ちゃん言うてはった」

「違《ちゃ》う違《ちゃ》う。どう見ても原始人やんけ」

しかし最終的に「蛇神様のお遣いなんやてさー」というところに落ち着いたのが、いかにも京都らしい。「お供えあげたらエエことあるてゆうさかい、こっそり家から食べもん持ってったりしたわ」と言って友人は笑った。

供物《くもつ》を奉納していたのは彼だけではなかったらしいので、喰うには事欠かなかったであろう蛇神様ではあるが、ときおりは散歩にでも出かけるのか姿を消すこともあった。好奇心に駆られた友人はとある夕暮れどき、男がいないのを見計らってその塒《ねぐら》に忍び込むことにした。そんな冒険のタネ、そうそう転がっているもんじゃない。

古墳の内部には奉納品の残骸《ざんがい》……パンの袋や果物の皮なぞが散乱し、なんともいえない饐《す》えた臭《にお》いが彼を怯《ひる》ませた。が、ここで引返しては男がすたる。友人は玄室の奥、芋虫のように丸められたボロ布団《ぶとん》へと近づいていった。ひょっとして蛇神様が寝てはんにゃろか？　いや、どうもそうではないらしい。おそるおそる捲《めく》ってみると、そこには――

「茶色うなった骸骨があってん。髑髏《どくろ》とな、ばらばらの骨が何本か。アバラみたいなんも」

その夜から熱を出して三日ほど友人の記憶は途切れている。当時、誰にも骨の話はしなかったけれど、外出許可が下りてへっぴり腰で覗《のぞ》きにいった古墳に蛇神様の姿はもうなかった。警察か保健所に保護されたのか、あるいは秘密の露見を知って自ら立ち去ったのか。子どもたちの間をまた根も葉もない噂が駆け巡り、そしていつしか忘れ去られていった。

しかし、いまだ友人は骨を振りかざした蛇神様に追われる夢をみるという。手にした食べ物を投げ、男がそれらを貪《むさぼ》っているうちになんとか逃げ遂《おお》せるのがパターン。だから彼の枕元にはお供えのアンパンやバナナが欠かせないのである。

伝説四

畜生塚

㉒三条河原　中京区三条通三条大橋西詰下
㉓瑞泉寺　中京区木屋町通三条下ル石屋町一一四－一

「鴨川《かもがわ》の河原てカップルが必ず等間隔に座ってるやん。あれ、なんでか知ってる？」

カフェで隣あわせた数人の女の子たちのお喋《しゃべ》りに、私の耳は象《ダンボ》のようになった。わざとらしく窓の外を眺めたりしながら「なんで？　なんで？」と心のなかで先を促す。とはいえ、どうせおまじないみたいなものだろうと期待はしていなかった。が、その予想は大きく裏切られた。

語り部は、グループのなかでもいちばん地味なナリをした少女だった。

「あんな、従姉妹《いとこ》にマリちゃんていてはんにゃけど、短大受からはって、合コンで彼氏できて、前から鴨川のカップルが羨《うらや》ましいなー思てたさかい、さっそくデートで行ってんてー」

こういう噂話の常で、その場にいる他のメンバーが知らない〝個人的な友だち《マリちゃん》〟に起こった出来事としてストーリーは語られてゆく。

「マリちゃんも彼氏もB'zファンでー、新曲ネタで盛り上がってるとき、ふと右側が左のカップルとの間に比べてえらい開いとんのに気ィついてんて。そやけど話の最中やし、ほっといてんて」

また彼氏とのB'z談義に戻ったマリちゃんは、そうこうするうち異臭に気がついたのだそうだ。夢中で喋っていたので、しっかり確認しなかったが誰かが右手に来た気配を感じており、きっと他のカップルだろうと思っていたらしい。それでも動きたくなくて我慢していたが、しまいには頭痛がするほど臭いはキツくなり、たまらずに振り返ると、そこには女の生首があった。

「皮が腐った桃みたいに捲れてて、目ェから蛆虫《うじむし》とかこぼれてて一、口からパンパンに腫《は》れた紫色の舌が突き出ててんてー、マリちゃん叫ぶ前に気ィ失《うしの》うたんやってェ！」

女の子たちはギャーギャー怖がって騒いでいる。語り部ちゃん曰《いわ》く、カップルが等間隔なのは、隙間《すきま》ができるとそこに霊が座るからなのだという。彼女はこう結んだ。

「三条河原て昔は処刑場やったし、けっこうヤバイらしいわ。行ったあとは連れて帰らんように、そこの角のお寺にお参りしたほうがええらしいえ」

中高校生くらいの子が媒介する都市伝説としては整合性があって上出来だ。きっとその子のオリジナルではないだろう。噂の元になる、しっかりした伝承なり小説なりがあるに違いない。おそらく秀吉《ひでよし》に殺された豊臣秀次《とよとみひでつぐ》の妻妾《さいしょう》遺児三十九人の処刑事件あたりが元ではないかと私は思った。打ち首は並べて晒され、遺骸はその場に埋められて、まさに地獄絵図だったという。供養塔は「畜生塚」と呼ばれ、花を手向ける者もなく鴨川の氾濫《はんらん》後すぐに荒廃したらしい。

この墓塚を発掘したのが木屋町の高瀬川を開削した角倉了以《すみのくらりょうい》。彼は、菩提《ぼだい》を弔い堂宇を建立《こんりゅう》した。これが現在の「そこの角のお寺」こと〈瑞泉寺〉。繁華街の片隅、かつての惨劇を偲《しの》ばせる気配すらなく、ただひっそりと建っている。

伝説 五　狐坂

㉔狐坂　左京区松ヶ崎西池ノ内町〜宝が池公園前

深泥池《みどろがいけ》の東側、お彼岸の【送り火】に「妙」の文字が灯《とも》される西山（正確にはその右手並びの峰に火床はあるのだが）がある。そのなだらかな峰を迂回《うかい》して宝ヶ池トンネルに向かう細い坂道こそ、京の〝ブランド心霊スポット〟とでもいうべき「狐坂《きつねざか》」である。

ここは怪談や都市伝説の宝庫。様々な噂がまことしやかに流れている。

が、そんなものはすべて嘘だまやかしだと証明する男がいる。いや、いた。数年前に亡《な》くなった私の父である。職業は宝ヶ池にある結婚式場の支配人。ほぼ四半世紀に亘《わた》って、ほとんど毎日のように狐坂を通っていたが、ついぞオバケなど見なかった――というのが彼の根拠。子どものころは心霊大好き少年だった私と超常現象をめぐってよく大口論になったものだ。

しかし悔しいかな、こと狐坂にかんしては経験に基づいた父の意見には説得力がある。ときに深泥池の西端からケシ山を越えて通勤することもあったが、たいてい彼が狐坂を選んでいたのは事実だ。とくに夜は。というのも前者のコースはガードレールもまともにない深泥池の水際ぎりぎりを走らねばならなかったからだ。

そんなわけで父は狐坂名物、風も震えるヘアピンカーブすら目をつぶって走れると豪語していた。が、この道の真の恐ろしさは、ほんのちょっと外れたところに潜んでいたのである。

もはや公式文書にも「狐坂」と記載されているけれど、この道の正式な名称は「狐子坂」である。実は、曲がりくねったこの坂道が開発される以前から、すでにこの地には狐坂が存在していたのだ。旧道と区別するための〝小〟が、ものが狐だからという極めて京都人的な理屈により〝子〟になり、やがてオリジナル狐坂と摩《す》り替わってしまったのである。もしかしたら意図的に……。というのも、その成り行きにどこか不自然なものを感じるからであった。

本当の狐坂は西山側からトンネルに入る直前、宝ヶ池公園のエントランスの対面にひっそりと緑に埋もれて通っている。そして狐子坂には「出ない」と断言した父も、こちらのオリジナルについては口を濁す。まだ宝ヶ池での商売が軌道に乗る前、暇に飽かしてこの一帯を冒険していた時期が実はあったらしい。大学時代山岳部だったころの血が騒いだのかもしれない。

「あ、こんなとこにも山道があんねんね」

車窓からそれを見つけた私に向かって、ほとんど反射的に、絶対に入ったらアカンで！　と厳命した父。いつになく真剣な声が記憶に残っている。けれど、理由を問うても要領を得ない。普段なら、ただ「危険だから」で終わるのに、そうも言わない。超自然現象は頭ごなしに全面否定が常だった彼に、いったいなにがあったのだろう。

八月十六日の送り火当日を除いて、西山は基本的に全面立ち入り禁止である。おそらくは「妙」の字のちょうど裏手にある〈松ヶ崎浄水場〉の配水池に人が侵入して溺《おぼ》れたりしないようにとの配慮であろう。が、ならば施設を有刺鉄線で囲うなり、高いフェンスを張り巡らせればすむ話ではなかろうか。なのに、そういった方策も講じられていないのだ。ここにも狐坂と狐子坂の入れ替わりと共通する違和感がある。

地図で地勢を読む限りでは、かつて宝ヶ池と深泥池は繋《つな》がっていたようである。狐坂はその痕跡《こんせき》。いわゆる「涸《か》れ沢」が拓《ひら》かれたものと考えていいだろう。紫式部が岩倉の〈大雲寺〉を詣《もう》でるときに牛車《ぎっしゃ》で越えた狐坂は、この道だったはずだ。それがいつのまにか、なかったことにされてしまった。少なくとも江戸末期には、すでに狐子坂が造成されてメインロードとして使われているのがいくつかの文献から窺《うかが》い知れる。

そして二〇〇六年、またしても唐突に狐坂は姿を消すことになる。ヘアピンカーブ部に橋梁《きょうりょう》化した車両専用道が新設されたのだ。いちおう旧道も歩行者専用として残されてはいるけれど、あまりにも突然で驚いた。まるで見えないナニモノかを避けるがごとくに蛇行した、ジェットコースターのように奇妙な高架である。

狐坂には〝なにか〟がいる。父は〝なにか〟を見た。その〝なにか〟とは新たに山道を築かねばならぬほど見てはならない〝なにか〟であった。と、結局、わかるのはそれだけだ。が、確かめにゆく気はさらさらない。

伝説 六
月下氷人石

㉕誓願寺　中京区六角通新京極下ル桜之町四五三

まさか不惑を越えて迷子になるとは思わなかった。ボケが始まったのかと本気で焦《あせ》った。

気がついたのは六角富小路、骨屋之町あたり。この一時間ばかり、まるで結界が張られているかのように、ある一定の区域から出られなくなっていた。

東は新京極通、西は烏丸《からすま》通、南は錦《にしき》小路通、北は御池通。――を、踏み越えられない。そこでとりあえず大通りの御池をめざし、富小路を上がった。つもりが、いつの間にか三条通を西に入っており〈イノダコーヒ〉に出会って「あれ?」とかいっている始末。

同じ場所を堂々巡りしてしまう現象を「狐に化かされた」という。精神医学的な《症状》としてそれを説明することも可能だろう。が、原因を狐に求めるほうが科学的ではないが説得力がある。ここ京都では。たとえば「比叡《ひえい》山ドライブウェイ」なんか、もはや超常現象ではなく地理的特徴のひとつでもあるかのごとくタクシーの運転手らは語る。

そんなわけで、狐だ！　と閃《ひらめ》いた私は、やはり常識に従った。イノダで一服したのである。すると、あら不思議。店を辞して西へ歩けば何事もなく烏丸通へ出てしまった。

そう。こういうときには煙草《たばこ》が唯一《ゆいいつ》の解決策とされている。昨今の風潮で、このエリアは全面的に禁煙になってしまったが、こんど道を見失ったらどうすりゃいいのか。

あ、そうだ。〈誓願寺〉詣《まい》りの手があった。あそこには【月下氷人石《げっかひょうじんせき》】がある。それは尋ね人や迷子を見つけてくれる石柱。右面に「教《お》し由《ゆ》る方」、左面に「さがす方」と彫られている。

江戸末期から明治中期にかけて、人攫《ひとさら》いは大きな社会問題であった。とくに歓楽街として急激な成長を遂げたこの一帯では、雑踏に次々と子どもたちが消えてゆき、人々は恐怖した。

いつしか子を失った親は〈誓願寺〉の卒《そ》塔婆《とば》に詳細を記した紙を貼《は》って情報交換するようになり、明治十五（一八八二）年、掲示板として石柱が建てられたのだ。〈八坂神社〉や〈北野天満宮〉など、当時賑《にぎ》わいの核となっていた社寺の境内には似たような【月下氷人石】がいまだ残る。

人間の心理というのは面白い。消えた我が子が悪党に攫われたと考えるより、神に隠されたか、天狗《てんぐ》にかどわかされたかして帰れなくなったと信じるほうがよほど楽らしい。やがて【月下氷人石】は失《う》せもの一般に霊験《れいげん》のある「おまじない」として信仰を集めるようになっていった。

そういえば以前、〈誓願寺〉境内で老婆《ろうば》が「アントニオ……アントーニオ……」とぶつぶつ呟《つぶや》きながら徘徊《はいかい》しているのを見かけて、ちょっと怖い思いをしたことがある。このあいだ友人にその話をしたら「そのおばあちゃん、きっとクリスチャンよ。聖アントニオは遺失物を探してくれるという民間信仰があるからね」と教えてくれた。

ひょっとして昔々、攫われた子どもをいまでも捜しているのかもしれぬ。寺院でキリスト教の「おまじない」とは滑稽《こっけい》だが、私は老婆の親心を思い切ない気持ちになった。こんど狐に化かされたら自分も聖アントニオの名を唱えてみるとしよう。

伝説七　お御籤

＊総本家宝玉堂　伏見区深草一ノ坪町二七－七
＊吉祥院天満宮　南区西大路十条西入ル吉祥院政所町三
㉖十五大明神　中京区四条先斗町上ル西側十五番路地

私は占いのたぐいが嫌いである。未来なんか知りたくもない。なにより、たとえインチキであっても出された結果に運命が支配され固定してしまう気がするので。中華を食べた後に出てくる「フォーチュンクッキー」。あのくらいでちょうどいい。ちなみにいまや世界中の中華料理店のテーブルで見られるあのお菓子は、〈伏見稲荷大社〉参道にある〈宝玉堂〉が元祖。特許とってたら、いまごろ億万長者だったろう。

そんな私だが【お御籤《みくじ》】だけは別。神社を参ったときにツレが引くと、自分も続いて筮竹《ぜいちく》の筒をじゃかじゃか振っている。あらゆる八卦《はっけ》・卜占《ぼくせん》のなかで最も罪がないものといえよう。なにかと疑い深い京都人もこれだけは気楽にやれるのだ。

そんなわけで真剣味が足りない京の【お御籤】には凶が少ない。もっとも反面、京都人は現実家なので大吉混入率も低いそうだが。

エンターテインメントに徹する京御籤には、それゆえ珍品が多々ある。いままでで一番魂消《たまげ》たのは〈吉祥院天満宮〉。引くと脇《わき》にいる巨大な白馬像が大音量で嘶《いなな》いて腰を抜かしそうになった。

だが、怖いといえば先斗町《ぽんと》と木屋町を繋ぐいくつかの路地の中の一本に祀《まつ》られた〈十五《ご》大明神〉のお御籤にまつわる都市伝説がけっこう怖くて面白い。

昭和五十三年、この一帯で火事があった。それは当時の木造建築群をエサにして瞬《また》く間に勢いを増した。が、なぜか突然に火の手が弱まり被害は想定外に小さかった。翌朝、住人たちが現場に出向くと類焼は十五番路地で止まっており、そこにあった店の前の信楽狸《しがらきたぬき》が真っ二つに割れていたという。彼らは狸が街を護《まも》ってくれたのだと噂《うわさ》し、感謝を込めて祠《ほこら》を祀った。これが〈十五大明神〉の由緒《ゆいしょ》である。

「スッポコポコポンスッポンポン……おおきに、ようこそ、ようお参りしておくれやした」

ここの賽銭《さいせん》箱になにがしかを投入するとスイッチが入って「今日のあんたはんのお御籤は――」と自動音声が再生される仕掛けになっている。他愛ないアトラクションだ。結果は吉に決まっている。ところが、たまさか不吉な卜占を機械が告げるのだそうだ。

「スッポコポン……大凶どす。振り返ったらあきまへん。うち、もう、そこに来てまっせ」

思わず後ろを向くと、そこには顔の焼け爛《ただ》れた舞妓《まいこ》さんがいて、襲い掛かってくるのだとか。もちろんそれは火事の被害者であるという種明かしが、のちに語り手によってなされる。子どもっぽい都市伝説だが、私はけっこうビビった。占いというものが本来孕《はら》んでいる不安感をよく表しているように思う。

ちなみに千社札《せんじゃふだ》を貼ってから手を合わせれば、その舞妓さんは現われないのだそうだ。

伝説 八　反魂

㉗西行庵　東山区下河原通八坂鳥居前下ル東入ル鷲尾町五二四

霊感があると自称する人は多い。私のまわりにもかなりいる。派手にパフォーマンスするでなく、みんな淡々と「死者の霊が見える自分」を受け入れているような人たちばかりである。

とりわけ霊感が強い一人が言う。

「霊がなに考えてるとか、憑《つ》かれたらどうしたらエエとか、そんなんぜんぜんわからへん。ただ、あ、あの人もう死んだはるやん……って、気がつくだけやねん」

　ちょうどゲイたちがお仲間を見分ける目を持っているのと同じだと彼女は説明した。

「はっきりいうて、みんなも見えてる思うえ。そうやて認識でけへんだけで」

ならどのくらいの割合で霊が混じっているのかと訊《き》いたら、大きめのスクランブル交差点でわーっと擦れ違う中に二、三人くらいということだった。瞳《ひとみ》が艶消《つやけ》しみたいになっていたり、表情から感情が読み取れなかったり、あるいは独特の匂《にお》いとかで判断できるとか。意識していれば、そのうち「誰でも目が利《き》くようになる」そうだが、いらんいらん、永遠に欲しくない能力だ。

彼女の話を聞いていて、私は『撰集抄《せんじゆうしよう》』にでてくる西行法師の「作人形事於高野山」を思い出していた。寂しさの徒然《つれづれ》に人骨からヒトを【反魂《はんごん》】の術で生成するエピソードである。文中にはイチゴだのハコベだの細かなレシピまで紹介されていて、なかなか興味深い。

しかし結果は——姿形は人だが色が悪い。なにより心がない。声は出るけど笛みたい。人間、心があって初めて声が声になるらしい。いや、ほんと。でなきゃ下手糞《へたくそ》な笛と同じだ——てな具合。西行は「でも一応生きてるから殺せない」と山奥に棄《す》てたという。

……責任持てよ。

本には後日談として【反魂】のプロ、伏見の前中納言師仲卿《さきのちゆうなごんもろなか》との会話が記されている。いわく、香を使ったのが西行の失敗の原因。沈と乳を焚けば本物と見分けがつかないのが完成する。実は宮廷にも自分が造った公卿《くぎよう》が紛れてる。ただ、バレたが最後、こっちも一蓮托生《いちれんたくしよう》で溶けてしまうのでリスクが高い。云々。

その話をすると、くだんの霊能女友達は我が意を得たりという笑顔になった。

「あの人ら、ソレやったんかぁー！」

なんでも、幽霊よりは稀《まれ》だが、人間の形をしていながら人間でも死霊《しりよう》でも生霊でもない摩訶《まか》不思議なニンゲンモドキを見ることがあるのだという。

「こないだは東山遊歩道で擦れ違ったけど、〈西行庵〉に行かはるとこやったんかもしれんねー。ご先祖様のお墓詣りてゆーか」

彼女の言葉が真実か否《いな》かは問題ではない。とりあえず一緒に歩いているときにそういうのを発見しても絶対に教えてくれるな！　と念を押した。私にとって【反魂】は幽霊よりもリアルなのだ。人間の孤独や寂寥《せきりよう》は、ときにトンでもない怪物を造ってしまうと信じているので。

伝説 九
首の呻き

❷❽白川子安観音　左京区今出川通志賀越道角
❷❾耳塚　東山区正面通大和大路西入ル茶屋町　耳塚児童公園内

霊園の散歩が好きだ。などというとあらぬ誤解を受けそうだけれど、私は古墓地を歩くのを趣味としている。宗派にかかわらず死者の埋葬地には興味がある。外国旅行をすると必ずその土地の代表的なそれを訪れるようにしている。

とりわけ気に入っているのがイギリスの墓場。理由は、しばしば荒涼としているからであり、その朽ち果てた風景に詩情を感じるから。この国ほど寂寞感《せきばくかん》漂う墓地があるところはない。毎週のように徒歩二十分ほどの〈アブニー公園廟《びょう》〉に赴く。十八世紀初頭に開かれた広い敷地は草茫々《ぼうぼう》。鬱蒼《うっそう》とした樹木に覆《おお》われて昼なお暗い。

この時代の特徴で、墓標には様々な意匠が凝らされている。目立つのは天使や翼のある女神像がその上に佇《たたず》むもの。菩提《ぼだい》を弔う近親者も絶えたのか蔦《つた》に埋もれ、首や腕のないものも多い。自然に壊れただけでなく、もがれて売られた彫刻もかなりありそうだ。

あるとき、この墓地で奇妙な中年男性に声をかけられた。

「あなた、この首の持ち主を知りませんか?」

彼は、両掌に包んだ天使とおぼしき石膏像《せっこう》の頭を差し出した。

「この首が呻《うめ》いているような気がするんですよ。元の体に戻りたいって。で、どこにあるんだと尋ねると、ここの墓地だというんで時間をみつけては探しにきてるんです」

一年ほど前に骨董《こっとう》店で購入したものだと男は言った。酔っ払っているふうでも挙動不審でもない。が、怖くなかったといえば嘘《うそ》になる。不思議ですねえ。お役に立てなくてすいません。と、ソソクサその場を離れた。しかし私は家路を急ぎつつ京都にも似た話があったのを思い出していた。

旧街道の入口で結界を閉じる道祖神みたいに四阿《あずまや》の下に鎮座する〈白川子安観音〉。いまでは大きなお地蔵さんといった風情《ふぜい》だが、秋里籬島《りとう》の『拾遺都名所図会《ずえ》』によれば堂々たる石彫阿弥陀仏《あみだぶつ》であったらしい。近くで観察するとかつての精巧な細工がかろうじて読み取れる。

作られたのは鎌倉《かまくら》時代だが、一時期、秀吉がこの首を切り離して聚楽第《じゅらくだい》に飾っていたことがあった。そのせいで「首切観音」「首切地蔵」の名も残る。帰る路々《みちみち》考えていたのは、このときの逸話。子安観音は聚楽第の庭で夜な夜な「白川へ帰せえ……」と呻いたというのだ。

秀吉は文禄《ぶんろく》・慶長の役で集めた朝鮮兵の首級から削《そ》ぎ落とした耳（鼻という説もあり）を塩蔵して持ち帰らせ、へいちゃらで〈耳塚〉なんてものを築いた男。そんな彼がとりあえず首を元に戻した。ことの真偽はともかくよほど寝覚めが悪かったのは確かだろう。アブニー公園廟で男に声をかけられたのは、もう一年も前のことである。以来、会ってはいない。あの日、無事に首の持ち主を発見できたのだろうか。それとも秀吉みたいに夜毎《よごと》の呻き声にまだ悩まされているのだろうか。

伝説十 班女

㉚繁昌神社　下京区高辻通室町西入ル繁昌町三〇八

「幽霊はいない。なぜなら、いたら怖いから」――というのは私の友人、シド鳴虎の名言である。この証明（笑）は正しい。少なくとも「幽霊はいる。なぜなら、いたほうが面白いから」と同じくらいは正しい。

いわゆる心霊スポットとして膾炙《かいしゃ》されるような場所は、恐ろしいから語り継がれるのではない。まして〝本当に出る〟からでもない。むしろ〝本当に出る〟ところは洒落にならないから話は広まらなかったりする。恐怖が娯楽の要素を備えて初めて流布する条件が整う。つまり都市伝説と似た性質を有している。物語としての完成度と説得力。ヴィジュアルの喚起力。リアリズム。そういう要素が揃って初めて幽霊はあの世から召還されるのであった。

京の都市伝説といえば「ぶぶづけ」だろう。客を引き止め、茶漬けを勧め、遠慮なくゴチになったら礼儀知らずと陰口を叩かれた。というくだんの逸話である。以前、私は「そんな事実はない」と書いた。都市伝説であると。そうすると。どこからともなく「実際にされたことがあると誰かが言ってた」「いや、昔は普通にしていた」という声が聞こえてきた。だが、そのいずれもが実体験ではなかった。

これが都市伝説の大きな特徴である。いかにもありそうな、あったら面白いと皆が考えるから伝説化して生き残るわけだ。これからも未来永劫《えいごう》に亘って京都人はよそさんたちに、ぶぶづけを勧め続ける。

「京都で〝先の戦争〟といったら、それは応仁の乱のことである」とかもそうだけれど、京の都市伝説は独特の考え方を持った住人たちにまつわるものが多い。でなければ〈深泥池〉〈貴船〉などの露骨に意味ありげな風景や、〈戻橋〉〈将軍塚〉といった土地が抱える血腥い歴史を母胎に生まれてくる。けれどまれに何気ない日常の風景のなかにも理由なく突如としてそれは現れる。そしてときに現実を動かすほどの猛威を振るいもする。たとえば【班女】だ。

もとは十三世紀前半に成立した説話集『宇治拾遺物語』巻の三に出てくるお話。宮仕えを退いて暮らす独身ニート女がぽっくり逝ってしまい、荷車に積んで鳥辺野の送葬地に運んだ。ところが到着して棺桶を開けるとなかはカラッポ。急ぎ帰ると遺体は家に残っていた。そこでもういちど入棺しようとすると、こんどはテコでも動かない。仕方なくその場に埋めて塚を築き弔いとした……というストーリーだ。班女というのは、この〝死しても還ってくる女〟の呼び名である。

これが「去った恋人を待ち続ける」中国の班婕妤《はんしょうよ》物語と習合し、能楽・狂女ものの名作『班女』へと昇華することになる。のだが、現実には都市伝説としてバケモノじみた身体を獲得してしまう。どうやら「好きな男はいたものの処女のまま病死した嫁《い》かず後家の怨念」が当時の人々にはひどく切実だったようで、いつしかこの塚の周りは人家も絶え、荒れ放題の忌み地になってしまったというのだ。

地域の人々は班女の魂を慰めるために塚を神社として祀り、美男を集めて裸御輿を出したりしたというから凄い。さらに逞《たくま》しい庶民たちは、「班女」を「繁盛」に置換して市場のカミサマである市杵島姫命《いちきしまひめのみこと》などを合祀して商売のご利益を喧伝するようになり、いつしか都市伝説に端を発した彼女の呪詛も中和されてゆく。もっとも、いまだにこの地を未婚女性が訪れると結婚できないという噂が絶えない。

現在の〈繁昌神社〉内に塚はない。昔はひとつの境内だったのだろうが分断され、ほんの少し西へ歩いた駐車場脇の露地奥にポツリと遺されている。一見私有地みたいだが、聳える神木を目印に入ってゆけばすぐに発見できるだろう。塚の盛り土はすでになく、巨石と小祠、曲がりくねった常緑樹、さらには灯籠や正体不明の石碑などが渾然一体となって奇妙な姿を晒している。

むろん都市伝説は、あくまで幻想でしかない。真実なら目の前にある学校に通う女学生たちは、みんな独身ということになってしまう。いや、調べたわけではないので、もしかしたら全員未婚の可能性もないわけではないが。

伝説 十一 清滝トンネルの信号

㉛清滝トンネル　右京区嵯峨清滝深谷町 交差点上ル

京都の心霊スポットとして一、二を争う超有名物件【清滝トンネル】。京都人なら噂くらいは知っている。私も友達から「あんな、こないだな……」という話をなんども聞かされた。彼らは恐怖体験を期待して出かけたわけではないというのに。

ただ、もう一方の横綱である「東山トンネル」では天然で幽霊がぎゅうぎゅう詰めらしいのに対し、こちらはより都市伝説的なエピソードが多い。直截《ちょくせつ》に「見た」ではなく、なんらかの条件を満たすと「見る（らしい）」という話をよく聞く。それでいて誰もが激しく信憑性《しんぴょう》を主張する。

条件――とは、信号にまつわる禁忌である。

清滝トンネルは保津峡と愛宕山《あたご》への分岐点に位置している。洛中から車で愛宕参拝しようとすれば必ず通る南の登山口だ。嵯峨野から西へ〈愛宕念仏寺《おたぎ》〉を越え、嵐山高雄パークウェイ合流点を過ぎた先にある。伝説の主人公は、この鳥居本側のトンネル入口手前の信号だ。

人々は噂する。「辿り着いたとき、見えてきた信号が青のときは進入してはならない」と。万国共通アオはススメ。なのだが、ここだけは例外のようだ。理屈はこういうことらしい。

「あそこの信号ってたいがい赤なの。それが青ってことはトンネルの中の〝なにか〟が招いてるシルシなの。だから、もし青ならすぐ引き返さなきゃダメ。どうしてもって場合は、その青をやり過ごして赤を待ってから次の青で出発すること。でなきゃ、どうなっても知らないよ」

廃線となった単線鉄道をそのまま利用した清滝トンネルは、五百メートルという長さに対して極端に細い。ゆえに時間差で交互通行になっている。しかも青の時間は短く、青に出会う確率は低い。おそらくトンネル内での衝突を懸念《けねん》する心理が恐怖を生み出したのではないか。都市伝説の発端はたいがいそんなもんだ。まして心霊スポットになってからはノロノロ運転が増え、トンネルを抜ける前に対向車がきてしまうなんてケースもままあるに違いない。事故の増加をエネルギーにして都市伝説はいよいよ肥大化してゆくというシステムがここでは観察できる。

地元民にとっては普通の生活道路。迷惑な話だ。あまりマナー（と、頭）のよろしくない連中が珍走団始め大挙肝試しに押し寄せてくるのだから。

たぶん、ここにまつわる話で私がいちばんゾッとしたのは、ある知人から聞いたエピソード。夜釣りからの帰り道、彼は清滝側で道の真中をふらふら歩く人影に出くわし急停車したのだそうだ。ヘッドライトに浮かびあがる老人。手には水色の洗濯ロープ。彼が道路両脇《りょうわき》の樹《き》と樹を結んでそれを張ろうとしているのだと気づき、慌《あわ》てて飛び出し止めに走った。ロープを取り上げると、毎晩うるそうて眠れへんのや……と、完全にイッちゃってる目で老人は呟《つぶや》いていたという。

もしこの知人が通りかからなかったら、【清滝トンネル】には首なしライダーの都市伝説が新たに加わっていたことだろう。

寺院

怖いこわい

寺院一　血天井

㉜正伝寺　北区西賀茂北鎮守菴町七二

どうみても顔だった。けれど顔のわけはなかった。なぜなら、その周囲に点々と残る手形の跡とさほど変わらないサイズだったからだ。一瞬、「子どもなのかな」と思った。けれど、造作のバランスは成人男子のもの。無表情に、ただこちらを見下ろしている。

西賀茂〈正伝寺〉。西大路通をひたすら北上。やがて京都市内とは思えぬ鄙《ひな》びた風景が現われ、すぐき農家が続くその先に山際《やまぎわ》が迫ってくる。樹々《きぎ》の合間を分け入るように続く枝道を登ってゆくと、まるで陽だまりのようにこの寺院はある。臨済宗南禅寺派の小さな方丈だ。

一般的には比叡山を借景とした小堀遠州作の枯山水でここは知られているだろう。七五三形式に配された躑躅《つつじ》の刈り込みが花で飾られるころには、かなりの人たちが辺鄙《へんぴ》な場所にもかかわらず訪れるようだ。が、混雑を避けたがる私は、まだ満開のそれを見たことがない。そもそも私がここを訪れる理由はただひとつ。広縁に張り出した庇《ひさし》の天井が【血天井】なのである。

もう何度目になるか覚えていないけれど、それにしても今回訪ねるまで私は血天井に顔が混じっているなんて気づきもしなかった。場所的には縁台のいちばん奥。座って庭を眺めているときに、ふと視線を感じて振り仰いだそこに顔はあった。

「えーと……」――しばらく見つめているうちに、ゆっくりと頭の中の歯車が回りだした。顔が混じっていること自体に不思議はない。でも、これはやはりおかしい。

関ヶ原の戦いの前伏見城守備に当たっていた鳥居元忠《もとただ》以下数百名が落城時に切腹した廊下の床を血天井は材にしている。だとすれば前のめりに倒れても、こんなにべったり判を押したように顔の跡がつくだろうか。横顔ならばまだしも。私の見上げる先にあるのは、まるで血を絵の具にして描かれたか、日光写真のごとき顔なのだ。

いったん正面の比叡山を見つめて深呼吸。心を落ち着け再び顎《あご》を上げる。……まだあった。

もっとも血天井というと強烈だけど、お相撲さんが掌《てのひら》に墨をつけて押したようなのが散らばっているわけではない。大半はもろもろとした赤茶色い染《し》みである。たぶんその顔は突然に滲《にじ》みでたわけではなく、以前からあったものを今回なにかのはずみで「顔だ」と脳が認識したのだろう。精神状態によって違う形象を認識するロールシャッハテストと同じだ。

そういう意味で血天井から禍々《まがまが》しい印象を受けることはまずない。大原の〈宝泉院〉と宇治の〈興聖寺〉にある血天井は未見だけれど、三十三間堂の裏手にある〈養源院〉も鷹峯《たかがみね》の〈源光庵《あん》〉もさらりとした空気が流れていた。

要はそのときどきの心のコンディション次第で、血天井は男の顔を浮かべもする。ときには花や菩薩《ぼさつ》を垣間見《かいまみ》せてくれることもあるだろう。しかしここ数ヶ月ほど、うちの玄関先の床板にあの男とそっくりの顔が浮かんで見えるのは、なぜ、なのか？

寺院 二　吒枳尼天

㉝法伝寺　左京区浄土寺真如町八二

京都歩きを愉《たの》しくするには、いろいろと秘訣《ひけつ》がある。

たとえば「とりあえず駒札《こまふだ》や説明書はみんな読む。が、鵜呑《うの》みにしない」「目的のない散歩では分岐点に出会ったら細いほうの道を選ぶ」などである。わけても最重要項目として私が挙げておきたいのが、時間的に余裕があれば「全《すべ》ての鳥居は潜《くぐ》らなければならない」というもの。どんなにささやかな境内でも、みすぼらしい社殿でも、その懐《ふところ》にどんな秘密を隠しているか計り知れないのが京の神社というものだからだ。

しかし、ときとしてこの秘訣は京都歩きを〝怖く〟するのにも一役買う。

京都にはタブーをさりげなく不文律で伝える文化があるので、よそさんや子どもは知らず知らずのうちに禁を犯してしまいがちである。あとから裏でコソコソ悪口いうんだったら先にちゃんと教えてよ！　と叫んでも空《むな》しく碁盤の目に響くのみ。痛い目にあわんと身に染みまへんやろと京都人は嘯《うそぶ》く。まあ、よほどやないと死んだりしまへんさかい。

確かに死にはしなかったが充分痛かったのが初めて【吒枳尼天《だきにてん》】をお参りしたときのことだ。それは〈真如堂《しんにょどう》〉こと〈真正極楽寺〉の山門、向かって左にあった。石造りの小さな鳥居はよくある寺院の鎮守社にみえた。ただ門前のオベリスクにでかでか吒枳尼天と刻まれており、馴染《なじ》みのない祭神名に興味を引かれて私は覗《のぞ》いてみることにした。細長い境内の中央に奉納舞台を改造した休憩所。その脇《わき》が社務所だった。門柱に掛けられたこちらの正式名称を見た私は、そこでまず軽いショックを受けた。〈法伝寺〉って、神社ちゃうんかいな。鳥居あんのに！　と、思わず一人ツッコミを入れつつ本堂へ。

掲げられた院号は「青面金剛尊」。ということは吒枳尼天とは道祖神なのか。ふと視線を落とすと、そこにはお百度参りのガイダンスが。真如堂の末寺らしく密教系であるのは確かなようだ。そこには御真言も記載されていた。

オンダキニサバハラギャティソワカ

私は何気なく口にしてみた。神仏混淆《こんこう》のミッシングリンクを繋《つな》いでるんだか、こんがらがらせているんだか得体の知れぬ存在だが、ここには抗《あらが》い難い魅力があった。

真言を反芻《はんすう》しながら縁台に腰掛け、そこに一枚きり残されていた吒枳尼天の説明書きコピーに目を通すことにした。読めば本尊はお稲荷《いなり》さんらしい。そのわりには付きもののコンコン様（狐《きつね》の石像）が見当たらない。そして読み進むにつれ、どうやら、なかなかに猛烈なカミサマであらしゃることが判《わか》ってきた。

吒枳尼天は元々インドの農業神で、梵語《ぼんご》「ダーキニー」の音訳らしい。後に性や愛欲を司《つかさど》る性質が与えられ、さらには人間の肝や心臓を食う夜叉《やしゃ》神として恐れられた。説明書きは語る。やがてインドを追われ、この地に降りたった吒枳尼天は空海によって鎮《しず》められ〈伏見稲荷大社〉に祀《まつ》られた。つまり当山こそ稲荷信仰発祥の場所なのである、と。

それだけを読むと完全にカルトの世界である。が、のちに調べたところ吒枳尼天が天《あま》翔《か》ける狐に乗った姿で描かれるようになったのは中世以降であり、天皇の即位灌頂《かんじょう》で祀られた記録も残っているそうなので怪しげな外法《げほう》というわけでもなかったらしい。とはいえ、そんな事実は露とも知らず、その派手な縁起に酔いしれながらお堂の裏に回った私は「おお！」と仰《の》け反った。

これは……お稲荷さんの出入り口？　本堂の縁の下に一メートル四方ほどの祠《ほこら》がはめ込んである。陽に焼けて珊瑚《さんご》色《いろ》に褪《あ》せた朱の門は、あきらかに本堂（殿？）の地下奥底へと続いていた。とりたてて特徴のない建物だっただけに背後に隠した遺構の奇妙さが際立っていた。ちょうど枯葉色の蛾《が》が、思いがけなく鮮やかな下翅《かし》を閃《ひらめ》かせたときのようにどきりとした。

オンダキニサバハラギャティソワカ

無意識に真言を唱えながら、丸く開いた窓から内部を覗き込んだときだ。びう！　と細かな塵芥《じんかい》を含んだ突風が吹いて目を潰《つぶ》した。

尻餅《しりもち》をついた私が、瞼《まぶた》を擦《こす》りながらこけつまろびつ境内を逃げ出したのはいうまでもない。おかげさまで大事には至らなかったが、いくら洗浄しても一週間くらい瞳《ひとみ》からゴロゴロが取れなかった。まったく触らぬ神にナントヤラを地でゆく話である。

寺院 三

阿亀

㉞千本釈迦堂（大報恩寺） 上京区五辻通七本松東入ル溝前町一〇三四

鬼や妖怪《ようかい》は最初から怖いことを前提にした造形なので、それを見て「面白い」「奇妙だ」とは感じても「怖い」と思うことはあまりない。眼が吊《つ》ってるとか、口が裂けてるとか、人を怯《おび》えさせる視覚的要素が類型化・記号化されているケースが多い。たいがいの本当に「怖い」ものは暗い音のない世界で〝図らずも〟生まれてくる無意識の産物ではなかろうか。むしろユーモラスを目指した造形から恐怖はじんわり滲み出ていたりする。

たとえば、それは【阿亀《おかめ》】だ。

鼻《はな》が低く、頰が丸く張り出した下膨れの福相で、そこから「お多福」とも呼ばれる女性像。縁起のよいシンボルとして酉《とり》の市の熊手《くまで》飾りなどにも使われる。記号という意味では怖いファクターなどどこにも見当たらない。のに、はっきりいって怖い。

その造形の異様さを思い知ったのは〈千本釈迦堂〉でのこと。ここの境内には巨大な

【阿亀】のブロンズ像があって、それだけでも気の弱い子どもならヒキツケを起こしそう、うに恐ろしい。こういう像は実物大以上にしちゃいけないと思う。

特別展で、当山に奉納された阿亀コレクションを拝観させていただいたときなど、も胸がハクハクしてしまった。東京・谷中《やなか》〈全生庵〉にある三遊亭圓朝《えんちょう》の幽霊画コレクションを見せていただいたときよりも、ずっと「怪奇なものと接触した」気がした。

芸術性なんていうものとは無縁の、原初的で猥雑《わいざつ》で狂暴なエネルギーがその阿亀たちには横溢《おういつ》していた。阿亀の起源は天宇受売命《アメノウズメノミコト》に求められるという。〈千本釈迦堂〉には、そんな阿亀の原像が有する性愛・和合の神的な性質を剝《む》きだしにしたものが数多く納められていた。

過剰に豊満な肉体。乳房や陰部を露《あら》わにした姿はおおらかな反面、ソフィスティケートされた近代以降の女性美に慣れた目にはひたすら異様だ。また、制作者がこれでもか！　と阿亀の顔を歪《ゆが》ませている。並外れて醜いのは、並外れて美しいのと同義のパワーが宿るからだ。

そんな彼女らが巨大な陽物を抱き、縋《すが》り、振り上げて、我々に「性的であること」を迫る。これを怖いといわずしてなんといおう。

もっとも千本釈迦堂は和合神として阿亀を祀っているのではない。境内にいるのは本堂を建てた棟梁《とうりよう》の窮地を助言で救った妻女おかめである。のちに「差し出がましいことをした」と己を恥じて自殺した、その犠牲精神を称《たた》えて菩提《ぼだい》を弔っているのだ。

応仁・文明の乱を経て、街のど真ん中にあるにもかかわらずこの本堂は類焼を免れた。鎌倉時代初期、創建当時のままの姿を保つ国宝である。奇蹟《きせき》というのは容易《たやす》いが、なんらかの力に護《まも》られているのではないかと考えたほうがむしろ自然なのではないだろうか。だとしたら、それは阿亀の執念に違いない。彼女は自ら人柱となったのだから。

寺院 四

志明院

㉟志明院　北区雲ケ畑出谷町二六一

ずっと以前から洛北《らくほく》に「物凄《ものすご》い寺」があると聞いていた。そこはホンモノの魔窟《まくつ》で、中途半端《はんぱ》な修験者《しゆげんじや》では近づくことすらできない魑魅魍魎《ちみもうりよう》の住処《すみか》。ミヤコを追われた妖怪変化たちの最後の砦《とりで》。みだりに口にすることさえ憚《はばか》られるので、寺院の名は固く伏せられている……と。

「なーんや。岩屋不動さんのことかいな」。——その正体が〈志明院《しみょういん》〉なのだと聞いた私の落胆ったらなかった。地味なぬらりひょんが妖怪の総大将だと知ったとき以来の拍子抜けである。

いや、〈志明院〉がツマらないというのではない。あそこは美しい。石楠花《しゃくなげ》の群生が咲く季節には桃源郷の風情《ふぜい》が愉しめる。役小角《えんのおづぬ》の草創とされ、ミヤコができる百五十年前からの聖地だ。天長六（八二九）年に空海が再興して以来、背後の岩屋山全体が山岳道場となり大いに栄えた。

鬱蒼《うっそう》とした老杉巨檜《きょかい》の森に奇岩怪石が犇《ひし》めきあって、そこはまさに仙界を思わせる。歌舞伎《かぶき》狂言「鳴神」の舞台となった〈護摩洞窟〉。険しい山径《やまみち》の果てに聳《そび》える三十メートルはあろうかという巨岩盤〈神降窟〉。その岩頭には懸崖《けんがい》造りの〈根本中院〉が掛かっている。観《み》る者の畏怖心《いふしん》を呼び覚まさずにはおかない凄《すさ》まじい眺望の連続である。

寺院側は山門内風景の露出を徹底的に管理している。荷物は携帯電話も含めすべて入口で預けねばならぬ。基本的に取材拒否なので、よほど古い出版物でもない限り自然の偉容と数々の堂宇が融合した岩屋山独特の奇観にはお目にかかれない。京に残された稀《け》有《う》な秘境といえよう。

かくて魑魅魍魎《アイドル》たちはパパラッチを逃れ、この地に居を構えたわけだ。

志明院では怪異が風聞ではなく現実として語られることが多い。ここが魔窟とされる最大の原因かもしれない。司馬遼太郎《りようたろう》氏は「雲ヶ畑という妖怪部落」(「旅」昭和三十六年十月号)のなかで、こちらで経験されたポルターガイスト現象について記し、「信じられないなら行って見よ」と断言している。宿坊に泊まれば誰だって怪異音漬けの一夜を過ごせるだろうと。ほかにも山本素石氏の「志明院の怪」や長坂秀佳氏の「彼岸花」など志明院に材をとった作品は多い。長坂氏は舞台とした寺院の名を明かさない、と、いうか、明かしたので、名声はいよいよ高まった。というか、室町時代の寺伝に始まり、現在でも志明院の住職自身が物《もの》の怪《け》の跋扈《ばっこ》を認める発言を繰り返している。ナニモノカの存在は、お墨付きを与えられたも同然。公的事実なのだ。

役小角に始まり、空海、菅公、惟喬《これたか》親王、様々な神話的人物が志明院に逸話と手跡を残している。なにが起こっても不思議ではないだけの説得力ある景観の中に身を置いて、人々は怪異を夢み、魑魅魍魎を幻視する。

しかし、私が志明院で感じる最大の恐怖は、あまりにも現実離れしたその美しさであったりする。現実に返れなくなってしまいそうな気がするからだ。想像を越える怪異と美観。どちらが人をより畏怖させるかという話だが、答えるのは志明院を観てからにすべきであろう。

寺院 五

地蔵堂

❸❻真如堂（真正極楽寺）　左京区浄土寺真如町八二
❸❼南禅寺　左京区南禅寺福地町八六

白面金毛九尾の狐が化身した【殺生石《せつしようせき》】。玄翁和尚《げんのうおしよう》に砕かれ最期《さいご》を迎えるまで、岩塊は毒気を噴いて旅人を害したとされる。〈真如堂〉には、その割れ石で彫像した「鎌倉地蔵」がある。〝気〟の病に効能があり、無実の罪を晴らしてくれるというご利益《りやく》がいかにもで面白い。

京都には〈鵺《ぬえ》大明神〉や〈酒呑童子《しゆてんどうじ》首塚〉など妖怪を祀る場所は少なくない。べつに殺生石くらいあっても不思議はない。けれど、ここでは二つばかりショックを受けた。

まず、ひとつは本堂で殺生石のカケラ入り御守が売られていたこと。もはやご利益の有無なんてどうでもいい。即購入した私であった。払う段になって腰を抜かした記憶はないから普通の値段であったと思う。

そして、もうひとつ。驚きはその鎌倉地蔵堂内にあった。真っ暗で肉眼ではなにも確認できなかったけれど、撮影したデジカメ画像を家に帰ってコンピューターに読み取らせた私は息を飲んだ。お地蔵様そのものは妙に新品ぽいこと以外ごく普通のお姿であった。が、その足元に置かれた一枚の札が心臓に悪かった。

「お地蔵さんが見てござる。」

それも杉板に墨痕淋漓《ぼっこんりんり》と筆書きされたものではなく厚紙にマジック。しかも丸文字。

あのとき地蔵堂の闇《やみ》のなかから、このお地蔵さんが私を見ていたのかと思うと、羞恥《しゅうち》と贖罪《しょくざい》と恐怖がない交ぜになった気持ちがこみ上げてきてなんともいえなかった。手ぶれしないよう格子戸《こうしど》にレンズを押しつけファインダーを覗く浅ましい姿を教えられた気がした。

それは鎌倉地蔵だけに限らない。あらゆる地蔵堂、あらゆる伽藍《がらん》に住まうカミサマたちは、こちらから見えずとも、こちらを見ている。心根までも見通しているのだと知った。

振り返れば、それまでだって私は何度もイエローカードを提示されてきているのだ。

あれは「絶景かな」で知られる〈南禅寺〉の三門に登ったときのこと。ここには大坂夏の陣で戦死した一門の武士たちの冥福《めいふく》を祈る釈迦座像と十六羅漢が奉納されている。寄進者である藤堂高虎《たかとら》の像と一族重臣の位牌《いはい》も置かれた神聖な空間である。

だが私はそんなこと思いつきもせず暗がりにぼんやり輪郭を浮かべる彫像たちを捉《とら》えようと夢中だった。と、そのうち、ほんのりと線香の匂《にお》いが漂ってきた。ここはお寺だし、そんなに奇妙なことではない。風に乗ってきたか、それとも楼閣内で焚《た》かれているのかもしれない。

そうこうするうち香りがどんどん強くなってきた。しまいには鼻から息を吸うと痛いくらいの刺激臭に変わった。目に涙が滲《にじ》む。私は慌《あわ》てて三門を降り、狭い急勾配《きゅうこうばい》の階段で足を滑らせて、まるで蹴《け》り出されるように最後五段ほどを転げ落ちて向こう脛《ずね》をしたたか打った。

あれくらいで済んで感謝しなければいけないのだと、いまにして思う。ともあれ撮影禁止でなくとも照明のない御堂内はみだりに写すべきではないだろう。

寺院 六

釘抜きさん

㊳石像寺　上京区千本通上立売上ル花車町五〇三

正式名称〈石像寺《しやくぞうじ》〉。だが誰もが「釘抜《くぎぬ》きさん」と呼ぶ。狭い境内は地元の京都人たちでいつもいっぱいだ。

釘《くぎ》とヤットコがついた奉納板をビッシリまとう御堂は、小体だが見る者にある種の感慨を与える。それは、ここを訪なう人々の祈りが長い歳月をかけて磨き上げた姿だからである。観光客しかこないような国宝の社寺よりも、「釘抜きさん」は京都人によほど愛されている。

いまはロンドン暮らしの私だが、京都に帰ると近所だからというだけでなく必ず立ち寄る。実家に住んでいた頃など入り浸っていたといってもいいくらいだ。なぜって、そこに集まってくる年寄り連中と話すのが堪《こた》えられない面白さだったから。境内の縁台に座って、お寺が振舞ってくださる渋茶を啜《すす》りながら洛中耳袋を堪能《たんのう》したものだ。

あるバーサマの悩みは隣人の騒音であった。夜な夜なガラゴロと石臼《いしうす》を挽《ひ》くような、擂鉢《すりばち》をあたるような音が響く。眠れないほどではないが、一晩中続くのでとにかくイライラする。注意をしようと試みたが、いつノックをしても部屋にいたためしがない。

「そやし大家さんに相談してんわ。そしたら、どうえ？　うちの隣、空家やってん。もう、ずーと、だァれも住んだらへんかってん」

そこで釘抜きさんに願を掛けにきたのだという。怪現象や霊障にまでその効果があるのかどうかは知らないが、「鰯《いわし》の頭も信心から」。その目に見えない隣人がちゃっちゃとドコへなと引っ越してゆきますようにと私も一緒に手を合わさせてもらった。

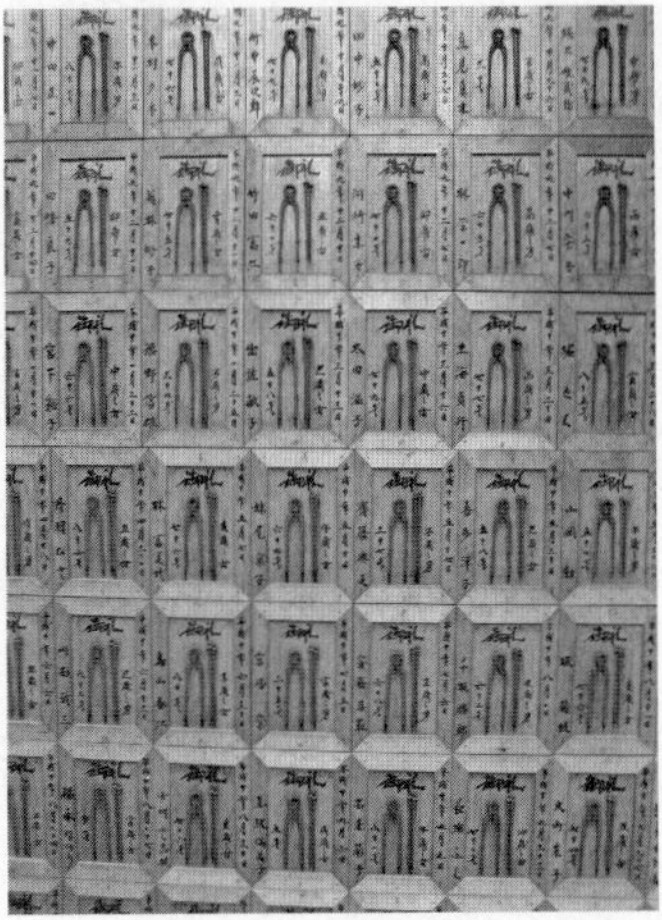

ここで耳にした霊がらみの話はそれだけではない。
聞かせてくれたのは老女というにはまだ若い、色香の残るご婦人で、どうやらすぐそこの上七軒の女将《おかあ》さんであるらしかった。彼女を悩ませている原因は【狐憑《きつねつ》き】。なんと舞妓《まいこ》さんの一人がそうなのだという。ほんまですか？　と目を剝くと、彼女はよ

くぞ訊《き》いてくれましたとばかりに膝《ひざ》を乗り出した。まあ、こんな場所でもなければ愚痴れないような内容ではある。噂《うわさ》にでもなったら商売あがったりだろう。

「可愛《かい》らして座持ちもようて、ほんまにええ子ォですねわ。それが春前くらいからおかしゅうならはって……。お座敷でえらいこと暴れ回らはりますねん」

「お遊びがありますやん。『とらとら』とか『金毘羅《こんぴら》ふねふね』とか。これで興奮してしもたら、もうわやくちゃですわ。泡吹いて倒れはるまで手ェつけられしまへん」

「こないだなんか踊りの最中においど絡《から》げて（お尻捲《しりまく》って）オシッコしてしまはってねえ」

ただの陽気のせいやったらええんやけど、どこぞのお稲荷《いなり》さんで貰《もろ》てきはったんかもわからへん。そやなかったら、お稽古《けいこ》熱心が過ぎて常磐津の「奥庭狐火《やえがきひめ》」かなんか習わはったときに憑いてしもたんかなあ——と、それは心配そうであった。

金糸銀糸の縫い取りがはいった真紅の振袖《ふりそで》を翻《ひるがえ》し、花簪《はなかんざし》を挿した頭を振り揚げ、裾《すそ》を乱して黒檀《こくたん》の座敷机に立ちはだかる白塗りの舞妓さんを私は思い浮かべていた。空想のなかでは地方《じかた》のお姐《ねえ》さんが三味線でドニゼッティの歌劇『ランメルモールのルチア』第三幕「狂乱の場」を奏《かな》でていた。その眺めは凄惨《せいさん》で、しかし譬《たと》えようもなく美しかった。

黙ってしまった私に気を遣ったのか、彼女は女将さんの顔に戻ってコロコロと笑った。

「まあ、噛《か》まれたり引っ掻《か》かれたり、オシッコが好きなお客さんかていはるし、そない悲観することもおへんけどな。おべべのクリーニングは花代に乗っけたらよろしわ」

そ、そんなもんなんですか？　と白昼夢から覚めた私は言葉を詰まらせた。彼女は眉《まゆ》を上げて、艶然《えんぜん》と言い切ったものだ。

「そやかて【狐憑き】なんか、しょっちゅうあることですやん」

そうですすか。しょっちゅうですか。

しかし、隣家のポルターガイストだの狐憑きだの、釘抜きさんもご苦労様なことである。人生にはときとして想像もつかない五寸釘《トラブル》が打ち込まれるものらしい。この小さな寺院は、まるでそんな厄介事の標本箱みたいである。

寺院七
送り鐘

㊴矢田寺　中京区寺町通三条上ル天性寺前町五二三

三条界隈《かいわい》の寺町や新京極あたりで〈矢田寺〉の梵鐘《ぼんしょう》の音を知らない人間はいない。なぜならここでは一年三百六十五日、朝から晩まで鐘音が響いているからである。参拝人が自由に撞《つ》けるようになっているので、好奇心から試してみる人が後を絶たないのだ。

小さな寺だから鐘楼はない。本堂の前、それは天井から釣りさがって賽銭《さいせん》箱の上に浮いている。ちょっとシュールな眺めである。

鐘の音は深く澄んでいる。が、さほど嫋々《じょうじょう》と余韻は残らない。近所に住んでいたらウルサくはないかと他人事《ひとごと》ながら心配になるけれど、とても地域住民に愛されている寺院という印象がここにはある。境内を屋根のように覆《おお》う二百五十灯もの赤い奉納提灯のせいかもしれない。

〈矢田寺〉の鐘が造られたのは応安五（一三七二）年。ちょうど足利義満《あしかがよしみつ》が征夷《せいい》大将軍になって室町幕府が落ち着いてきたころ。南北朝統一に一拍前の時代である。そんな世相を背景に、当院が創建された理由は、おそらく人々が「鎮魂」なるものを求めだしていたせいではないか。

というのも〈矢田寺〉の梵鐘は【送り鐘】と呼ばれ、その響きは死者の魂を迷わせずあの世に送り帰す力があると考えられているからだ。間近に〝死〟があった混乱の時を経て、人々にそれらの魂を想《おも》う余裕がようやく生まれてきたということだろう。

送り鐘は、現在では〈六道珍皇寺〉の【迎え鐘】の対として称される。お盆の終わり、八月十六日には五山の送り火に合わせて鐘撞き行事が催される。血縁者を失い初盆を潔斎する者たちが挙《こぞ》って訪れ、あらためて死者とお別れをするわけだ。

さて、そういう特別な期間を除けば〈矢田寺〉は毎晩十九時に閉門する。ところが、ときおりそれ以降も鐘の声が聞こえることがあるという。眉唾《まゆつば》な話だが、もはや当たり前の現象として地元民は受け止めており、怖くもなんともないそうだ。もっとも丑三《うしみ》ツ刻《どき》にゴーンとやられると「勘弁してェな」とは思うらしいが。むろんウルサいからという意味ではなく。

なにしろ「寺町」というくらいで町内に一軒は寺院のあるお土地柄。どこかに宵っ張りだか酔っ払いだかのボーズがいるのかもしれない。しかし特徴のある送り鐘の音を聞き違えるはずがないと彼らは口を揃《そろ》える。ならば無人の境内で、いったい誰が。

どうしても彼岸にうっちゃりたいお知り合いの霊がいる誰かが忍び込んで鳴らすのか。いいかげん帰ってもらいたいのに居座られて困った人が藁《わら》にもすがる思いで頼み込んで撞いてもらっているのか。それともこの世で迷った魂魄《こんぱく》が自ら利用しているのかも……。

まあ、いろいろ詮索《せんさく》するよりも、こういうことは空耳扱いで聞き流すのが、いちばん無難な選択というものではあろう。寺町のみなさんがそうしているように。底冷えや油照り同様に都市の個性として受容してしまうことが、きっと肝心なのだ。

寺院 八

清水の舞台

㊵清水寺　東山区清水一

夜の〈清水寺〉を拝観するチャンスに恵まれた。ちょうどイギリスからのお客さんがあったので一緒に出掛けることにした。おりしも東山では「花灯路」なる企画が行われている。寺へと至る道端に露地行灯《あんどん》約二千四百基が設置されるのだ。いい思い出になるだろうと思った。

けれど、それにしたってすごい混雑であった。産寧（三年）坂など身動きが取れない。それでも宵闇の坂道を点々と照らす行灯は美しく、私は幽玄に浸るべく精一杯想像力を働かせた。

そのとき、ふと思い浮かんだのは飛行機の誘導灯であった。面白いことに、そのうち灯りに飾られた遊歩道が、まるで彼岸への通い路のような気がしてきた。清水さんへ向かう人々の群れはしだいに半透明になり、まるで幽鬼の行進だ。私たちは、あの世をめざす亡者《もうじゃ》であった。

あとになって訊いてみると英国人の友達も似た感想をそのとき持っていたらしい。そんな妄想を喚起するような意図が働いていたわけではなかろう。けれど、もしかしたらあのあたりの小路にもともと宿っていた性質が花灯籠《はなどうろう》の光に目を覚まして影響を与えていたのかもしれない。

そんなふうにして辿《たど》り着いた清水寺は、やはり「特別な場所」であった。どんなに観光客の手垢《てあか》にまみれようと聖性を失わない不思議な寺院である。

奈良時代末に延鎮上人《しょうにん》が草庵《そうあん》を結び、のち延暦十七（七九八）年に坂上田村麻呂《さかのうえのたむらまろ》公が霊験《れいげん》を得て壮麗な伽藍《がらん》が築かれてより、ここは常に京のシンボルであった。現在の建築は徳川家光の寄進だが、くだんの懸崖《けんがい》造りは中世には完成していた。『今昔物語集』に最初の飛び降りが紹介されている。

この寺がかくも愛される理由は〝恐怖〟ではないか。

花灯籠で想像力が温まっていたせいか、そんなことを思いついた。空に張り出したこの奉納舞台に佇《たたず》むとき、誰もがリアルに「そこから身を投げる自分」の幻想を見ないではいられない。その怖さが人々を惹《ひ》きつけてやまないのだ――と。

かつて大勢が欄干を越えたという事実。「命を落とすかもしれない」「落とさないかもしれない」という微妙な高さ。美しい風景のなかで逝《い》きたいという《死への欲求《タナトス》》。それらが相俟《あいま》って、めくるめく仮想現実が押し寄せる。そんな場所、まずないだろう。

ところで、夜間拝観のおりに撮影した写真に奇妙なものが混ざっていた。デジカメだから、それこそ舞台の上だけでも何十枚とシャッターを切っているのだが、そのなかの数葉に奇妙な男が写りこんでいた。暗くて顔の造作まではっきりしないが背格好からして同一人物だろう。

私はフラッシュを焚《た》かずに撮ったので、いずれもかなりシャッター開放時間が長い。近頃の手ブレ防止機能は素晴らしくて風景はいずれもクリア。けれどその場にいた観光客たちは、それこそ幽鬼のごとく流れる影になっている。なのに、ただ一人、その人物だけが微動だにしなかったようにくっきりと暗い舞台の上で真っ直《ます》ぐにこちらを向いていた。

寺院九　仏様が見てる

㊶熊野神社衣笠分社　北区小松原北町一三五‐三〇
㊷佛勅山顕正寺　中京区西ノ京車坂町一五‐一二

京都は「宗教都市」だといわれる。むろんこの街には神社仏閣が多い。が、観光客が集まる有名社寺をいくら巡っても、ほんとうの意味での宗教と都市との密接な関係は感じられない。

たとえばなにもないところにかつての大伽藍の在処《ありか》が示されているのを発見したとき。どう見ても普通の民家でしかないお宅に〈○○宗××寺〉と表札があがっているのに気づいたとき。我々は初めて「宗教都市」なる怪物のおぼろげな姿を垣間見《かいまみ》る。

京都人は神仏と近しい。そしてご近所付き合いが長いだけに、ある種の距離感を大切にしている。この街には「阿弥陀《あみだ》の光も金次第」「差し引きすれば仏様に貸しがある」といったシニカルな物言いがある。お布施《ふせ》を出さない者にはホトケサマの救済は届かない。お布施を出したとしても、その金額に比べて貧相な見返りしか期待できない。すなわち、それはホトケサマへの「貸し」だ——という、なんとも罰当たりな考え方である。そのくらい醒《さ》めているのだ。

そんな土地柄のせいか、存外京都を本拠にした新興宗教は少ない。ホトケサマに「貸しがある」と口に出してしまえる人種は騙《だま》し難い。京都で活動しているとすれば、よそさんを釣るためのエサとしてイメージを利用しているからだろう。

だがその反面、それだからこそ様々な宗派が共存してしまえる性質もこの都市は持っている。多少ヘンテコでも京都人は「まあ、そういうカミサマもいはるやろなあ」と深く考えずに受け入れてしまう。岩石や樹木、動物、ときには妖怪《ようかい》までもが祀《まつ》られる。だからというわけでもなかろうが神殿や仏閣もしばしば異様なものが現出したりする。巨大ロボットの頭部みたいな〈熊野神社衣笠分社〉とか初めて見た者は絶対に拝殿だなんて気づかないだろう。二条駅の裏あたりをブラブラしていて出合った〈顕正寺〉なども、奇妙な社寺建築を見慣れているはずの私ですら「なんじゃこりゃ」と声をあげた。漆喰壁はとにかく建物全体がまるで煤《すす》をまぶしたように郵便受けまで真っ黒なのだ。もともと塗られていた地の樺色《かばいろ》が斑《まだら》に透けており、そのうえを枯れかかった蔦《つた》がかさぶたのように覆っている。屋根から犬矢来まで鉄条網が張り巡らされて、まるで要塞《ようさい》の佇まい。

さらに奇妙なのは二階部の堅く閉ざされた唐窓の脇《わき》に備えつけられた巨大なスピーカー。説法を放送するためだとでもいうのだろうか。だとしたら、その横にある監視カメラはいったいなんのために。僧侶《そうりょ》が道ゆく人々を偵察しているのか。仏様が見てるのか。はたして顕正寺がカルトなのか、ただ変態建築好きの和尚《おしょう》さんが設計したおかしな堂宇なのか、あるいは邪教の枢機卿《すうきけい》が潜む魔窟《まくつ》なのかは知る由《よし》もない。けれど妖怪だろうが見られていようが、なんにせよ「貸し」があることに変わりはない。

寺院十

化野

㊸化野念仏寺　右京区嵯峨鳥居本化野町一七

真昼なのに薄暗い。嫌な空気が澱《よど》む場所。漂う瘴気《しょうき》にたじろぐ空間が存在する。そんなとき「わけもなく恐怖した」ことに恐怖する。論理性を失い恐怖の原因を探れない自分が怖いのだ。

そういう意味で、たとえば様々な噂《うわさ》があり、多くの人々に畏《おそ》れられる〈化野《あだしの》念仏寺〉などはちっとも怖くない。皆がここを忌避する理由が素直に理解できるからだ。

荒涼たる無縁仏の群れを見れば、そりゃあ感じるものはある。平安時代からの葬送地「化野」の土中から掘り出された八千体もの石像、石塔、無縁仏が犇《ひし》めく眺めは特別な景色である。

なぜ人が化野念仏寺に禍々《まがまが》しい幻想を抱くかといえば、それは、その風景が《彼岸のメタファー》だから。実際、あれほど直接的に死後の世界を具現化した場所はそうない。墓石がどれだけ並んでいても、それらは供養《くよう》という浄化のプロセスを経ている。ゆえに人々は安心できる。そんな正規の手続きを踏んでいない念仏寺の無縁仏たちはケガレを想起させ、そこに立つ者は否《いや》が応《おう》でも鎮魂に参加せねばならぬ。それはすなわち死と向かい合う作業に他ならない。

この寺院に広がる怖さは、すなわち臨死体験の怖さなのだ。

このあいだ久しぶりに化野念仏寺へ行こうとして、記憶を頼りに歩いていたら思い切り迷ってしまった。ふだん碁盤の目で生きている人間は方向感覚がユルい。嵯峨、清滝道を件《くだん》の幽霊トンネル方向に直進。〈清涼寺《しょうりょう》〉を過ぎてすぐ大覚寺道の交差点を左に曲がらねばならぬところを右折してしまった。その先でトンでもなく剣呑《けんのん》な場所に出会うことになろうとは考えもせず、私は高雄へと続く坂を道なりに上がっていった。

看板には「〇〇苑」と記されていた。どうやら墓地らしい。化野念仏寺でないのは確かだが、いったいどんなだろう? と、好奇心のままに覗《のぞ》いてみることにした。

お彼岸にもかかわらず誰もいない。墓標ともモニュメントともつかぬ夥《おびただ》しい石柱群。大理石球を乗せた角柱には「ユダヤ　キリスト　イスラム教式平和祈願供養塔」と表示がある。私自身は宗教を持たない。が、故人が拠《よ》り所としてきた神を無視して、ひとつの形式に収めるというのはどういう感覚なのだろう。京都は神仏混淆《こんこう》だが、これはちょっと過激だと思った。

「佛式《ぶつしき》」「神式」「儒教式」などと書かれた他の石柱の能書きを読むうちに私の混乱はいよいよひどくなった。論理性が吹っ飛ばされてズキズキと頭が痛んだ。とにかく早くここから離れろと理性が叫ぶ。あわてて私は逃げ出した。

思えば、あれもまた臨死体験の一種ではあった。ただ、その死が無縁仏とはまた異なる形で蔑《ないがし》ろにされていた。百年、二百年後、あれら石柱群もまた念仏寺の一部となるのだろう。きっとそのとき初めて、あそこに睡《ねむ》る者たちの魂は供養されるに違いない。化野念仏寺は京都という土地の浄化を促すシステムでもあるのだと私は思い至った。

寺院 十一
閻魔

㊹六道珍皇寺　東山区松原通東大路西入ル北側
㊺千本ゑんま堂　上京区千本通蘆山寺上ル閻魔前町三四

御所の近くにある老舗《しにせ》の和風カフェに私はいた。本格的な上生菓子とお薄が、ゆったりしたインテリアで愉しめるいい店である。お洒落《しゃれ》感が乏《とぼ》しいので観光客が少なく、それでいてちょっとばかり高級感があるせいか地元の社交場的でもなく、雰囲気がガチャガチャしていないのも気に入っている。

ただ、このカフェにゆくと、巡り合わせなのか、それともそういうことが起こる磁場のようなものが発生しているのかは知らないが、たびたび不思議な出来事と遭遇する。

いちどは店に入ると、そこにいた全席の客が喪服だったことがある。

近くに結婚式場があるので、ブラックフォーマルなのではないかと目を凝らしてみたが、紛うことなく喪服であった。むろん土地柄お寺はいっぱいあるので、大きな葬式のあとに集団で流れてきたとかならば理解できる。が、各々のテーブルごとは、どうやら見知らぬ他人同士としか思えなかった。

そんなわけで尼さんの三人連れという、普通ならかなり目立ちそうな客がガラス扉を押したときも、なんとなく違和感なく空間に納まってしまった。席は半分ほど埋まっている状態だったが、ことさらに彼女らが興味を引いている様子もない。もっとも京都人というのは見て見ぬふりが巧みな人種ではあるのだが。

ラッキー(?)にも三尼は、窓際に座る私の前の席を陣取ってくれた。これで存分に聞き耳を立てられる。私は気合を入れて開いている文庫本に集中している素振りを見せた。窓の外を眺めるフリや、追加注文をする際に視線を走らせて観察した感じでは、老女というには早い、かといってもう中年ではない歳回《とし》りであった。三人とも「元」つきではあるが、そこそこ美人といっていいだろう。

「あかん、あかん。ナンボ言い訳してもジョージョー酌量の余地なんかアラへん。大原は地獄に墜ちてもらいまひょ。顔は畜生ですけどな」

「トーカツにしまっか。それともシューゴーでっか？　淫乱《いんらん》な奴《やつ》やったよって」

「トーカツが順当でっしゃろな。人様を脅してタクショ。騙《だま》してクヒッショ。嘘八百はハチズマビンショ。三ショ回りで転生してもらいまひょか」

「そーしまひょ、そーしまひょ。ほな、つぎは高橋でんな。これも悪いやっちゃ」

仲良くお薄を啜り終えてから彼女らが交わし始めた会話こそ聴きものだった。最初のうちは何を喋っているのか見当もつかなかったが、尼さんたちは罪人と思しき人間たちの死後の処遇を談合しているのだと気づくのに時間はかからなかった。まるで閻魔大王と書記役の司録尊、閻魔帖を持った検事役の司命尊の三人組みたいに。

そこで語られている人々が果たしてもう死んでいるのか、それともただ死後は〝かくあるべし〟と独断で断罪しているのかはわからない。ただ、三人ともが浮かべた穏やかな笑顔には、憎悪や憤懣《ふんまん》といった烈《はげ》しい感情は少しも窺えなかった。淡々と、テキパキと被告は審判され、受けるべき責苦が決定してゆく。

タクショ、クヒッショ、ハチズマビンショというのは何のことやらだったけれど、帰宅して調べてみたらそれぞれ多苦処、苦逼処、鉢頭麻鬢処といって等活《トーカツ》地獄がさらに細分化された十六小地獄というものの名称であった。苦逼処や鉢頭麻鬢処などは、どんな罪を犯したものが墜ちて、どんな苦痛を味わわねばならないのか詳細は判明していないということだった。が、三尼は隅々まで知り尽くしているように話をしていた。柔らかな春の陽射しのなかで裁判は二時間近く続いた。

京都で閻魔大王といえば思い出すのが小野篁《おののたかむら》作と伝えられる〈六道珍皇寺〉の迫力ある坐像。すぐそばの〈六波羅蜜寺〉、それから乙訓郡大山崎町の〈宝積寺〉にも見事なものがある。しかし〈千本ゑんま堂〉こと引接寺の本尊がやはり最高である。長享二（一四八八）年、定眼定勢の作。なによりもロケーションと距離感が素晴らしい。対峙《たいじ》すると本当に閻魔の目前に引き立てられたような気分になる。

現在、ゑんま堂を預かるのは尼さんだ。むろん和風カフェで遭遇した三人とはちっとも似ていない。けれど彼女と話すときは緊張せずにおれない。

怖いこわい神社

神社一 御旅

㊻今宮神社御旅所　上京区大宮北大路下ル若宮横町

毎年五月が巡ってくるのが本当に楽しみだった。柏餅《かしわもち》が食べられるからだけではない。なんてったって【御旅《おたび》】がやってくるのだ。

私が住む西陣の産土神《うぶすなかみ》――その土地と、地域住人を護《まも》るカミサマ――である〈今宮神社〉例祭といえば四月の「夜須礼《やすらい》（安良居）さん」が有名。けれど、子どもにとっては花傘《はながさ》をくるくる回して歌い踊る奇祭の風物よりも、そのあとに来る「今宮さん（還幸祭・神幸祭）」のほうがよほど大事であった。

お祭りのあいだ〈今宮神社〉の神輿《みこし》が氏子たちの暮らす各町を練り歩くために駐屯するのが〈今宮神社御旅所〉。その通称が御旅。むろん地元西陣のガキたちの目当ては、この御旅に集まる絢爛《けんらん》たる屋台と夜店の数々である。私たちはこの年に一度の大イベントそのものを「御旅」と呼んで、そりゃあもう心待ちにしていた。

ピンクのひよこを釣って三日間で死なせてしまったこと。必ず最後に型を抜き損なって悔しかったしんこ板のこと。魔法のように鳥や動物を創造する飴細工師の指にみとれたこと。薄荷パイプ。覗《のぞ》きカラクリ。地獄巡りの絵解き講談。想《おも》い出《で》は尽きない。けれど、なんといっても御旅のハイライトは見世物小屋であった。わけても私の印象に残っているのが「秋吉台《あきよしだい》の蛇女」。初めて見ることを許された年に掛かっていた演《だ》し物だったからかもしれない。境内の片隅にカーキ色のテントが張られ、立て看板にはコブラの絵や煽情的《せんじょう》な惹《ひ》き文句が躍っていた。

従姉《いとこ》に手を引かれ、どきどきしながら入場した内部には舞台も背景もなく、ただロープが渡してあるだけだった。その向こう側、ざんばら髪の女が襦袢《じゅばん》姿でパイプ椅子《いす》に座ってうなだれている。ざわめきを浴びながら微動だにしない。

客が満杯になったところで弁士登場。親の因果が子に報い式の講談調で蛇女奇譚《きたん》を語り始める。なんでも彼女は秋吉台に捨てられた憐《あわ》れな孤児で、蛇を食べて生き延びていたところを発見されたのだそうだ。みんな馬鹿《ばか》にした様子もなく真剣に聞き入っていた。現代より単純というか純粋というか、いや、きっと物事の愉《たの》しみ方がよく解《わか》っていたのだろう。

ひとしきり語り終えた弁士が、蛇女の前に置かれていた柳行李《やなぎごうり》の蓋《ふた》を持ち上げると中には青大将がくんずほぐれつ蠢《うごめ》いていた。観客の悲鳴。どよめきが収まるのを見計らったかのようなタイミングで彼女は行李に手を突っ込むと、一匹の首根っこを摑《つか》んで引き摺《ず》りだした。

みんながハッと息を飲む。と、やおら女は蛇の頭を丸齧《まるかじ》り。食い千切ってペッと地面に吐きだした。小さいからと最前列に並ばせてもらっていた私の足元に、それはコロコロ転がってきた。ただ呆然《ぼうぜん》とそれを眺めていると、ふたたび痙攣《けいれん》めいたざわめきが見物客に広がった。

前に向き直ると蛇女はのけぞるようにして青大将の胴体を扱《しご》き、血を啜《すす》りはじめていた。彼女の白い首には蛾《が》が止まったような形の大きな赤痣《あかあざ》があって、ごくりごくりと喉《のど》が動くたび、それは翅《はね》を震わせているみたいに見えた。いま思えば、どう考えても子どもに見せていいような内容ではない。倫理基準なんて、まだあってないような時代であった。

あれから四十年近くが過ぎて、現在の御旅はすっかり荒れ果てている。

塗料が剝《は》がれて斑《まだら》になった鳥居がなんとも侘《わび》しい。境内は完全に駐車場と化している。まず生気というものが感じられない。十八世紀末に建造されたという入母屋造妻入の古式床しい能舞台こそ健在だが、それもただの壊れかかった木造バラック倉庫にみえる。お祭りは細々とでも続いているのだろうけれど、かつての賑《にぎ》わいは望むべくもないだろう。

このあいだも、すぐそばの中華料理屋でラーメンを注文して「寂れてもたねえ」と割り箸《ばし》を弄《もてあそ》びながら独り言を呟《つぶや》くと、「もーアカンかもしれんねえ」と妙に真剣な声がカウンターの向こうから返ってきた。返事など期待していなかったのでドキリとした。

はい、おまっとうさん――と、鉢が置かれ、おおきにと顔を上げる。目の前でもっそりと微笑《ほほえ》む初老の女店主の喉に、どこか見覚えのある赤い痣が汗に濡《ぬ》れていた。

神社 二
七野神社

㊼櫟谷七野神社　上京区大宮通蘆山寺上ル西入ル社横町二二七

「来んなよッ！」

いきなり甲高い叫び声が砂といっしょに降ってきた。石段の上に制服を着た女の子が立っていた。骨格標本みたいに瘦《や》せて、不自然なくらい背が高い子だった。

西陣の住宅街の奥の奥。入り組んだ露地の果て。ぽっかりと抜け落ちたみたいに祀《まつ》られた〈七野神社〉。その拝殿参拝を不意に妨害されて、わけがわからず私はその場で固まった。

「見られると、ダメなんだよッ！」

また、砂が降ってきた。『和漢三才図会《ずえ》』に手長足長というコンビの妖怪《ようかい》（？）が載っているが、彼女の印象はまさしく「手長を背負った足長」であった。脂気《あぶらけ》のないショートボブの前髪に瞳《ひとみ》は隠され、その表情はわからない。けれど私に近寄ってほしくないという強烈な意思はひしひし伝わってきた。

どうしたかというと、どうもしない。目的があっての参拝ではない。「すんまへーん」と鬼嫁に虐待《ぎゃくたい》される姑《しゅうとめ》みたいな声を出して、その場から遁走《とんそう》した。

かつて、ここほどアカラサマに怪しい神社はなかった。

もともとは上下の賀茂（鴨《かも》）社に仕えて祭祀《さいし》に奉仕する未婚の内親王「斎王」の住居である斎院《いつきのみや》があった。その縁で、何年か前から〈下鴨神社〉氏子有志による整備が進んでこざっぱりしてしまったけれど、それまでは京都でもっとも胡乱《うろん》な空気が渦巻いている場所だったと思う。いわゆる心霊スポット的な怖さとは根本的に異なるけれど、なんというか精神を蝕《むしば》まれそうなササクレた磁場が境内を覆《おお》っていた。

荒廃していた当時の様子は筆舌に尽くし難い。拝殿は柱といわず壁といわず「サギ！」

だの「ドロボー!」だの子どもの喧嘩《けんか》みたいな罵詈雑言《ばりぞうごん》が書き殴られている。祠《ほこら》の扉には大きくカタカナの「ヤ」の一文字が。春日国民公園がどうとか全国武徳会がこうとか、まったく要領を得ない張り紙が散らばり、マジに泣きたくなるほどヤバそうだった。

　誰に聞いても、どこを調べても七野神社が巻き込まれているらしいトラブルの原因を突き止めることはできなかった。たいてい京都の古い社寺には近隣のジーサマ、バーサマがたが溜《た》まっていて噂話《うわさばなし》の相手を手薬煉《てぐすね》引いて待っているものだが、それらしき人影も見たことがない。いつだってここは、ただ禍々《まがまが》しい空気に支配されていた。しかしその空気には抗《あらが》い難い中毒性があり、だからこそ私は足繁《しげ》く通っていた。

　ともあれ無人だと信じきっていた異形の神域に突如、手長足長が登場したら、それはもう逃げるしかあるまい。

　おそらく彼女は〈七野神社〉に古くから伝わる縁結びの秘法を行っていたのだろう。

　十三世紀初頭に斎王が廃絶されたあとも、

その鎮守社が残る形で七野神社は宮中の女たちの崇敬を集めていた。文徳天皇の皇后・藤原明子《ふじわらのあきらけいこ》も帰依《きえ》していた一人だが、あるとき彼女は奈良〈春日大社《かすが》〉の祠をここに築いた。それは良人《おっと》の心を繋《つな》ぎとめるための懐妊を願っての勧請《かんじょう》であったがゆえ、往時より復縁の神として知られていたようだ。

のちに〈廬山寺《ろざん》〉に吸収され、応仁の乱で破壊され、と変転を繰り返してもなお七野神社が存えてきた理由は、一にも二にも、そのご利益《りやく》のおかげといえる。現在でもその本殿前には両手で包めるほどささやかな白砂の山が築かれており、「高砂山《たかさご》」と呼ばれるそれを崩して盛りなおす呪術《じゅじゅつ》が伝わっている。それだけは陵辱にまみれていた当時も、きれいになったいまでも変わらない。

女の情念はなにものにも妨げられないということか。

手長足長《ながら》に出会った翌日、よせばいいのにまたぞろ私は七野神社を覗きに行った。いつものように境内は静まり返っている。ビクビクしながら石段を昇ると本殿の前には高砂山も変わらずある。ただ、ふと合祀されているお稲荷《いなり》さんの小祠《しょうし》を見ると、いったいなんの外法《げほう》なのか両侍の狐《きつね》が鮮やかな緋色《ひいろ》のロープで〝お縄を頂戴《ちょうだい》〟していた。

神社 三

御霊神社

㊽下桂御霊神社　西京区桂久方町四七－一
㊾六請神社　北区等持院中町五三

「がらん」としている。それが【御霊《ごりょう》神社】に共通した印象だ。

京の御霊神社は、洛中に上・下、および上桂・下桂などに社がある。どこも湿気を含んだような重い空気と独特のカラッポ感が共存している。〈下桂御霊神社〉などは、その境内に聳《そび》える樹齢四百年の神木、無患子《ムクロジ》に穿《うが》たれた洞と同様、虚《うつ》ろな空間がなんとも心寂しい。

御霊神社が栄えたのは平安初期。現世の災いは、早良《さわら》親王はじめ非業《ひごう》の死を遂げた者たちの怨念《おんねん》である。それらを慰めねばならぬ――という「御霊信仰」が当時広く民間に浸透していた。が、鎌倉時代以降にそれは廃《すた》れ、ふたたび息を吹き返すのは明治になってからの話だ。

桓武《かんむ》天皇が怨霊《おんりょう》に追われて平安遷都《せんと》を決行したというのは、ある種定説になっている。けれど御霊神社が王城鎮護の要《かなめ》として創建された云々《うんぬん》に至っては若干の唾《つば》を眉《まゆ》につける必要がある。

大内裏が完成したころ森林であった現在の〈上御霊神社〉（御靈神社）の地に最初に置かれたのはミヤコの東北を護る〈猿田彦《さるたひこ》神社〉。もちろん桓武帝が早良親王の祟《たた》りを恐れていたのは本当だ。が、彼が親王に「崇道《すどう》天皇」の名を与え格上げしたうえで、その霊を祀ったのは奈良の〈霊安寺〉なのだ。〈上御霊神社〉の起源は、かつて当地に壮大な領地を従えていた〈出雲《いずも》寺〉にそれが勧請されたと見る（出雲路敬和著『仁和《にんな》寺史談』）のが正しそうだ。

やがて御霊信仰は、早良親王、伊予《いよ》親王、藤原吉子《よしこ》、橘逸勢《たちばなのはやなり》、文室宮田麻呂《ふんやのみやたまろ》らを【六所御霊】として祀る形態を完成させた。ちなみに【八所御霊】というのは【御霊信仰】隆盛とともに、菅原道真《すがわらのみちざね》、吉備真備《きびのまきび》、井上皇后、などを付加価値として組み込んだものである。

六所は、登録・管理する場所を意味することから墓地をさすようになった「録所」の転訛《てんか》だという説がある。地元では「衣笠《きぬがさ》御霊」と呼ばれる〈六請神社〉なども元は【御霊神社】だったのだろう。ここの神木もまた、ぽっかりと洞を開け捻《ねじ》くれた無患子なのは面白い。

また、近隣の〈わら天神〉摂社に〈六勝（稲荷）神社〉があるのも偶然ではなかろう。

この一帯はとくに御霊信仰が盛んだったのかもしれない。明治期の神社調査書『延喜式内並国史見在神社考証』に記載されている右京区の二つの御霊神社に相当する可能性も高い。

明治維新が、ディスカバー御霊信仰という側面を持っていたことは意外と知られていない。とりあえず王政復古の妨げとなりそうな〝過去の因縁〟を新政府は手当たり次第に祀ってゆく。綱吉《つなよし》の時代に霊元天皇から五宮への皇位継承にあたって粛清された一宮の外戚《がいせき》である小倉一族の実起《さねおき》、公連《きんつら》、熙季《ひろすえ》。それに光格天皇の子を宿しながら臨月に殺害された菅原和子などが〈上御霊神社〉にも新たなる怨霊として加わり八所どころではなくなった。

近代に分類されるような明治という時代は、実はいまだ怨霊に脅《おびや》かされるようなものであったのだ。この都市は鎮魂の陵である。おそらくは未来においても、それは変わらないだろう。

神社 四 天神さん

❺⓪菅原院天満宮　上京区烏丸通下立売下ル堀松町四〇八
❺①霊光殿天満宮　上京区新町通今出川下ル徳大寺殿町三六五

平安京最大の怨霊として恐れられた菅原道真。総本山の〈北野天満宮〉を筆頭に、菅公の祟りを予見した道真の乳母、多治比文子を祀る〈文子天満宮〉だの、〝京の台所〟錦市場《にしきいちば》を従えた〈錦天満宮〉だの、洛中《らくちゅう》に彼を祀る祠は枚挙に暇《いとま》がない。児童公園の片隅に、ひっそり残った〈水火天満宮〉とか、好きだなあ。

当時の人々がなによりも恐れた暴風雨。稲妻を神威の具現とする考え方は世界的に見られる。ギリシアでも北欧でも神々の必殺技だ。古代人の落雷に対する畏怖《いふ》は大変なものだった。それにしても道真の怨霊がそんな高座に上がってしまったのはいかなる理由があるのだろう。

道真左遷の首謀者である藤原時平の死や、清涼殿を襲った落雷事件など様々なタイミングが重なった結果ではあるが、突き詰めれば答はただひとつ。天災という「理不尽」の原因として菅公の呪詛《じゅそ》が最も説得力を持ったからだ。「わかりやすかった」と言い換えてもいい。

菅原道真の怨霊を鎮《しず》めるための〈北野天満宮〉が、学問のカミサマ【天神さん】になるのは江戸時代以降。だが、浮き沈みの激しい日本の信仰の世界で天満宮は常に一定のポテンシャルで民衆を集めてきた。前述したような小祠群はその証明といえよう。

増殖しつづける【天神さん】は、そのプロセスのなかで奇妙な亜種も作りだした。たとえば〈菅原院天満宮〉。元はといえば道真の曾祖父《そうそふ》の代からの菅原家の屋敷跡に建てられた寺院であった。天満宮は勧請社だったらしい。それが御堂の移転後、装いも新たに建立されたという。

ここは菅原親子三代が揃《そろ》って祀られた、かなり変則的なスタイル。〈青楓庵〉という神社併設のギャラリーや、「癌《がん》封じ」にご利益があるといわれる末社〈梅丸大神〉も含め、奇妙な天神さんである。

奇妙といえば〈霊光殿天満宮〉。菅公が徳川家康《いえやす》と合祀されている。別名を「必勝天満宮」。武運をもたらす戦神の社だ。十三世紀の蒙古《もうこ》襲来――「弘安《こうあん》の役」に際して夷国降伏の祈禱《きとう》を行ったところ神風が吹いて敵船を悉《ことごと》く沈めたことから「必勝」の名がついたとか。

そもそも菅公の左遷が決まったとき一条の光とともに天一神と帝釈天《たいしゃくてん》が降臨した場所

だという。

「がっかりしなや。三年経《た》ったらこっちゃに召しあげてハメた奴《やつ》らイテコマシたるさかい」

彼らは菅公を前にそう告げたそうだ。社の創始者は菅原定義。道真から数えて六代目の孫らしいが、どこでそんな逸話を仕入れてきたものやら。ラリっていたとしか思えない。

爾来《じらい》〈霊光殿天満宮〉は「夢は願えば叶《かな》う」という妙に今風のご利益を掲げてきた。私はいく度も参っているが、なにかを祈願したことはない。だって、叶えてもらった代償が、三年後の死なんだよ？　桑原桑原。下手に望みが成就《じょうじゅ》したら生きた心地がしないだろう。自分で叶えられる夢だけで私は満足である。

神社 五
源融河原院

52 源融河原院址　下京区木屋町通五条下ル東側

　廃屋・廃墟《はいきょ》を訪れ、怖がって喜ぶ趣味の人々というのは今も昔も変わらずにいた。『小倉百人一首』にも歌が選ばれている恵慶法師が「八重葎《やえむぐら》しげれる宿の寂しきに……」などと詠《よ》み、藤原（小野宮）実資《さねすけ》の日記『小右記』に「荊蕀が溝に盈《み》ち、水石は荒蕪す」と描写された〈源融河原院《みなもとのとおる》〉。平安京最大の心霊スポットである。創建当時は、北は現在の五条通、南は正面通、西は柳馬場通、東は鴨川という広大な敷地を従えていた。庭に鴨川の水を引き苑池《えんち》となし、陸奥《むつ》国の「塩釜《しおがま》の浦」の景観を移して「籬《まがき》の島」を模した人工島を浮かべ、浜に塩焼の眺めを再現したという贅《ぜい》の限りを尽くした様子が『伊勢《いせ》物語』に登場する。マリー・アントワネットもびっくりだ。

　源融は早良親王みたいに無実の罪を着せられ追放されたわけではない。が、陽成《ようぜい》天皇譲位の際の皇位継承争いに敗れてここに隠棲《いんせい》した。当時の感覚でゆけば隠棲はほとんど死と同義。つまり、ここは最初から〝彼岸の楽園〟として創造されたのである。

朝廷に執着したまま、七十四歳という平安時代にしては非常な高齢で亡《な》くなった源融。その死をもって河原院は本物の【あの世】になった。

彼の一族の終焉《しゅうえん》を決定付けたのは、息子である源昇が娘の貞子を宇多天皇の元に入《じゅ》内《だい》させたものの、藤原時平――菅公を左遷させた、あの時平――の娘・褒子《ほうし》に寵愛《ちょうあい》を奪われてしまったことであった。河原院の半分までも持参金がわりに献上したのにもかかわらず、だ。

それを恨んで源融が化けて出た逸話が朝廷にまつわる故事説話集『江談抄《ごうだんしょう》』に載っている。また、その話にインスパイアされて紫式部は『源氏物語』「夕顔」の段を創作したという通説もある。河原院は御息所《みやすどころ》の生霊が出現する六条院《なにがしの》のモデルでもあるのだ。

その後、度重なる火災と洪水で河原院は荒廃してゆく。もともとが壮麗な屋敷であったがゆえ、風景は凄惨《せいさん》な影を色濃く落としたに違いない。いや、むしろ崩れ落ちてゆきながら正体を次第に露呈していったというべきか。もっとも楽園とは呼べない眺めではあっただろうが。いずれにせよ当時の数寄者《すきもの》たちが〝もののあはれ〟を求めて夜な夜な集まっても不思議はない。

やがて、すっかり跡形もなくなった河原院址の敷地に、道真の父親である菅原是善《これよし》の旧邸・菅原院を移築して〈歓喜寺〉が建立《こんりゆう》されている。長保《ちようほう》五（一〇〇三）年のことだ。当然のように鎮守社として天満大自在天神が祀《まつ》られたわけだが、これまた因縁じみた話だ。源融と菅公。殿上人にとって、もっともリアリティのある怨霊が同居することになったわけだから。

源融河原院址は現在、碑《いしぶみ》と「籬の島」の生き残りとされる榎《えのき》が佇《たたず》むばかり。壮麗だったかつての姿を偲《しの》ぶよしもない、ささやかな大明神の祠があるだけだ。誰が掃き清めるのか、いつ訪れてもここには青々とした樒《しきび》が供えられ塵《ちり》ひとつ落ちていない。

神社 六　鎮守の森

㉝貴船神社　左京区鞍馬貴船町一八〇

そんなものにもハヤリ・スタリがあるのかと驚いた。いや、そんなものだからこそ〝ご時世〟を映すのかもしれないけれど。なんの話かって【呪詛】である。いわゆる【丑《うし》の刻参り】の形式が近ごろ変わってきたらしい。最新流行は恨んでいる相手（たぶん）の写真に直接釘《くぎ》を打ち付けるスタイルだという。

「五センチくらいの釘を使《つこ》たはる人が多《お》いですなあ。五寸（十五センチ）と五センチを間違《まちご》うてはるんかなあ思てるんですけど」

〈貴船神社〉の神主さんから聞いた話だ。季節はずれだったので暇にしていたのか、いろいろと興味深いエピソードを教えてくださった。

「このごろは釘の後始末が日課ですわ。こないだなんか明るいうちにコンコンやったはる人がいてはりました。あれはびっくりやった。そんなんしたらアキマせんよ言うても、ここはそういう場所なんでしょて平気な顔してはるんですよ」

　社務所で藁人形《わらにんぎょう》売ってないんですか？　と尋ねる観光客が何人もいるらしい。基本的に呪詛は手順を違えると、かけた本人に跳ね返ると相場が決まっている。みんな怖くはないのだろうか。確かに貴船神社は平安時代から丑の刻参りの本場だけれど、だからって褒められた行為ではない。みんな思い出作りかなにかと間違えているのではなかろうか。青春の記念に呪《のろ》ってみました。みたいな。

　そこそこの社になれば本来は必ず背後に【鎮守の森】が控えている。一本や二本は釘を打ちつけるのに適した樹《き》が立っている。もしやと思いついて、いろんな神社で聞き込みしてみると、案の定どこでも貴船神社と同じようなご苦労をなさっていた。

　携帯電話。免許証。御守（その神社のものだったらしい）。位牌《いはい》。似顔絵。スノーボード。ビニール袋入りの髪の毛。豚豚豚豚豚豚……とマジック書きされたTシャツ。磔《はりつけ》にされるアイテムも実に様々。凄《すさ》まじいというか何というか、ほとんどインスタレーションアートの世界である。

　流行の写真バージョンも、普通のサービス判だけでなく、落書きされたものや醜く画像処理してプリントアウトされたもの。あまり知りたくないドコかの部分のアップ。あまり知りたくないナニかが塗ったくられたもの。遺影風に額に入れて黒リボンをかけたもの。などなど。

「そやけど、なにが怖いて打ちつけたあとに写真を燃やさはるのが怖いですなあ」

と、そこまで聞くとにわかには信じ難い。

どんな悪童だろうと京都人ならば鎮守の森に侵入するようなことはまずしない。聖域を侵す危険性をよく知っている。それはカミサマを畏《おそ》れ敬う気持ちだとか、祟りへの恐怖というよりも、もっと本能的なものである。たとえば黄色と黒のシマシマを警戒色として認識するような。

神社 七
大鳥居

❺❹平安神宮　左京区岡崎西天王町九七
❺❺本願寺伝道院　下京区油小路正面角

京都には明治大正時代の建築がまだ数多く現役で活躍している。市役所や府庁など公《おおやけ》の機関も珍しくない。実際に中で働くとなるといろいろ不便や不都合もあるようだが、傍から見るぶんには美しい。それらもまたこの街の「らしさ」を醸《かも》しだす大切な要素だといえよう。

ミヤコの魂であった天皇を東京に奪われ、当時の京都は躍起になって近代化を推進していた。発電所、市電、学校、活動写真、様々な《西洋》がどこより早く積極的に持ち込まれた。それらは空虚を埋める代償だったのかもしれない。過去を否定するかのような新建築群も同様の役目を担《にな》っていたといえる。

この時代の京を代表する建築家といえば、なんといっても伊東忠太《いとうちゅうた》。彼の仕事は枯淡の色合いに染まった古都に鮮烈なハイライトを射《さ》した。米沢《よねざわ》生まれ、東京育ち、帝大卒。京都とはなんの接点もない彼が、かくも深くこの街にかかわる次第となった理由は謎《なぞ》である。

たとえば建都千百年記念事業である〈平安神宮〉。本来なら伝統技術を継承してきた宮大工があたるべき内容に思える。が、嘱託されたのは極め付きのエキセントリックな伊東忠太であった。それは、とりもなおさず「忘れられた過去の都市になるまい」という意思の表われだ。

ちなみに平安神宮の庭園「神苑」を作庭したのもモダニストの造園家、七代目小川治《じ》兵衛《へえ》。新たなる京の象徴となるべきモニュメントは、それがミヤコの創造主たる桓武天皇を祀る神社であっても決して古色蒼然《そうぜん》ではいけなかったのである。

そんな性質を知ってか、神宮通に架かる日本最大級の鳥居を見上げるたびに私は怨嗟《えんさ》の声を聞く。もっとも、こいつは伊東忠太作ではない。昭和三（一九二八）年に昭和天皇大礼を記念しての建築だ。

しかし、それはあくまで表向きの理由ではないかと私は疑っている。天皇を連れ去ったナニモノかに向かって呪詛を叫ぶ顎門《あぎと》を平安神宮が必要としたのだと思えてならない。だいたい、こいつは人が潜《くぐ》ることを前提としていないのだ。潜り抜けるには車道に出る必要がある。「人間のために設けられた神域への入口《エントランス》」という鳥居の本来性を考えたとき、どうみても不自然であろう。

大任を果たしてより七年後、伊東忠太は大陸からトルコへと三年にわたって遊学した。帰国後に設計したのが彼のもう一つの代表作〈本願寺伝道院〉である。元は真宗信徒生命保険本館であった。

回教寺院を思わせるドーム。インド風の六角楼閣。塔屋には窓などにサラセンの意匠が窺《うかが》える。そして周囲を巡る車止めの石柱には異様な怪物。「伊東忠太的動物」とも呼ばれるバケモノたちだ。

以降、彼の建築にはそれらが装飾モチーフとしてしばしば登場している。よほど気に入っていたらしい。もし大鳥居の着工がもっと早い時期に決まっていたら、朱柱はバケモノで飾られていたに違いない。平安神宮という挑発的で挑戦的な神社にはさぞ似合ったろうに。

神社 八 絵馬覗き

⑯安井金毘羅宮　東山区東大路松原上ル下弁天町七〇

あまり大っぴらに言えない趣味だけれど、私は「絵馬覗《のぞ》き」が大好きである。見られることを前提としていない、しかも匿名《とくめい》でない欲望は生々しい人間ドラマ。ときには狂気すれすれの感情に出会い、薄氷の張った池に突き落とされたような気分を味わうこともある。

縁切りのご利益《りやく》で知られる〈安井金毘羅宮《こんぴらぐう》〉で私が出会った一枚は、まさにそんな怨嗟のこもる内容であった。それは、愛人と思《おぼ》しき女性の奉納絵馬。板面には不倫相手と夫人との別離を願う言葉がサインペンで無邪気に綴《つづ》られていた。恋人の実名どころか会社の部署まで堂々と記載されており、個人情報だだ漏れ。考えれば、それだけでもかなり恐ろしい。

が、私を凍りつかせたのは絵馬の空きスペースに書き添えられていた一行。

「そうはなるものか」

あきらかに異なる筆跡。突き刺さりそうに尖《とが》った鉛筆文字であった。

この逸話を旧著『京都人だけが知っている』で紹介したところ、けっこうな反響をいただいた。通勤電車で読んでいたら網棚の上から重い荷物が落ちてきて、一歩間違えば大怪我《おおけが》をするところでした。なんとなく偶然という気がしません……てなメッセージをもらったりもした。悪い波動みたいなものが活字を介して伝わったのか？ ちょっと真剣に考えたものだ。ならば、このあとの奇妙な絵馬の挿話は、そういうものに共鳴しやすい人は読まないほうがいいかもしれない。もっとも『京都ぎらい』の井上章一先生はこのくだりを読んで大爆笑された由。〝笑うところ〟だと思われたらしい（笑）。

閑話休題、とはいえ安井金毘羅の話ほど強力なのはそうない。せいぜい〈下鴨神社〉の摂社「相生社」に奉納された縁結び絵馬一面に「ママ　ママ　ママ　ママ……」と書き連ねてあったとか、オタクの巣窟《そうくつ》と化した〈晴明神社〉の絵馬に電波妄想系の傑作を発見したりといった程度。

だが、さすがに「前世で結ばれていたように、現世でも京極夏彦様と結ばれますように」なんて一枚を見つけると、人気作家は大変だなあと同情してしまう。しかも、その隣を捲《めく》ったら「わたしも前世では京極堂の妻でした。しかも第一夫人です」などとあって、ちょっと笑えなかった。

怖いというより哀《かな》しい気持ちになったのが〈矢田寺〉に掛かっていた絵馬。そっと裏返してみたそこに私はある告白をみつけたのだ。

「わたしがりゑさんをころしました　ぢごくにおちてもゆるしてください」

子どもが一文字一文字丁寧に書いたような平仮名であった。見てはいけないものを見た気がして、言葉の意味を振り切るように私は続けざまに何枚かを捲ってみた。……ら、そこにはまた同じ文面が。そのあとは、さすがに覗くのをやめた。

いったい奉納主はどれだけの絵馬を残していったのだろう。こちらの絵馬は地獄の業《ごう》火《か》に焼かれる罪人たちが浄罪と救済を願う図案だが、どれだけ納めればその人の魂は安らぐのだろう。いまもふとしたおりに考える。

神社九 呪歌

❺❼住吉神社　下京区醒ヶ井通高辻南東角住吉町四八一

ほのぼのと明石《あかし》の浦の朝霧に島かくれ行く舟をしぞ思ふ

——「寝坊しない」ための【まじない】＝【呪歌《じゆか》】である。

眠る前に、これを三遍繰り返すと、起きたい時間に起きられる。……ということになっている。長らく忘れていたが、高柳蕗子《ふきこ》氏の『はじめちょろちょろなかぱっぱ』（集英社）に似た例がいくつか紹介されているのを読み、子どものころにお世話になっていたのを思い出した。効果のほどは記憶に定かでないのだが。

これが『古今集』にある「詠《よ》み人知らず」だと知ったのは、ずいぶん後になってから。もの知らずの私は純粋に呪歌だとばかり思っていた。もっとも、まんざら間違いとは言い切れない部分もある。平安期まで、和歌には確かにそういう呪術的な側面があったのだ。

大阪の〈住吉大社〉とは比べるのもおこがましいささやかさだが、京都にも同名の〈住吉神社〉が存在している。いずれも歌道にかかわりが深い社。平安時代に摂津国より分祀《ぶんし》され、歴代天皇が和歌の伝授《レッスン》を受けるにあたっては勅使を派遣して崇敬を尽くした。宮様に歌を教えるのは冷泉《れいぜい》家代々の当主と決まっている。当然のようにこの貴族家の信仰は篤《あつ》く、現在の社殿も明治時代に冷泉為紀卿《ためもときょう》が寄進を募《つの》って建立《こんりゅう》された。

ところで京の住吉神社境内には祭神不明の〈人丸神社〉が祀《まつ》られている。この謎の小社こそが実は呪歌のカミサマを祀る祭祠《さいし》である。

住吉神社は烏丸《からすま》松原にある〈新玉津島神社〉とともに、藤原俊成（定家の父）が帰依《きえ》した衣通姫《そとおりひめ》の祠《ほこら》を起源としている。もとはといえば海神である住吉神が歌道の守護聖となったのも、くだんの住吉大社が和歌山の〈玉津島神社〉から衣通姫を勧請合祀《かんじょうごうし》したからだ。つまり本来は、日本の正統な歌神とは衣通姫なのである。

けれど短歌には公式の場で詠まれる【寿歌《ほぎうた》】とは異なる性格もあった。それが呪歌なのだ。詠む者の、そして歌を送られる相手の行動や心理に影響を及ぼす短歌。言葉には魂が宿り、口にだすと実現をもたらせる力すらあるという。

短歌は言葉の精度を上げて、そんな力をぎりぎりまで引き出す魔術であり武器の一種だ。早起きから厄除《よ》け、恋する相手を落とすにも、恋敵を殺すにも、それは使われた。

ならばそれに相応《ふさわ》しい祭神が必要とされたのは、むしろ自然なことといえよう。言葉に呪的なパワーを与える呪歌神が「人丸」なのであった。

そういえば、早起き呪歌のおかげで翌朝ちゃんと目を覚ませたら、お礼に返歌を唱えるのがキマリになっている。

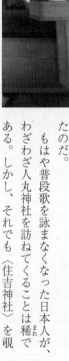

人丸やまことあかしの浦ならばわれにも見せよ人丸が塚——と。

花部英雄氏の『呪歌と説話』(三弥井書店)などによれば、人丸神の原点となっているのは呪歌名人〝歌聖〟柿本人麻呂《かきのもとのひとまろ》だという。そこに盲目の武将、平景清《かげきよ》と娘の人丸の父子再会譚《たん》をベースに興《おこ》った「人丸信仰」が加わって神格化が進んだ。さらには小野篁信仰や菅原道真怨霊譚《おんりようたん》などの伝説が積み重なって、特殊な〝呪歌神〟が誕生したのだ。

もはや普段歌を詠まなくなった日本人が、わざわざ人丸神社を訪ねてくることは稀《まれ》である。しかし、それでも〈住吉神社〉を覗くたび、この小社にも供物《くもつ》が置かれているのを私は見つける。あるときは千羽鶴《せんばづる》だったり、清酒の一瓶や精米の一袋。また、あるときは紙の人形《ひとがた》だったりもした。

このあいだ発見したのは針金で編まれた箱であった。虫籠《むしかご》にしては編み目が大きく、しかも中になにかを収めるための入口も蓋《ふた》もないようだった。これには首を捻《ひね》った。いったい網で閉じたその空虚には、どんなものを封じ込めて奉納してあったのだろう。それこそ言霊《ことだま》だったのではないか。そんなふうに私は想像してみる。

神社 十
奉納舞台

58 紫野貴船神社　北区紫竹西北町五五

神社の境内、本殿の前にはしばしば【奉納舞台】が設けられている。カミサマという連中はとかく気難しくて、やたらと祟《たた》ったり病を流行《はや》らせたりする。彼らを祀る神社という機構は、なんやかやと機嫌を取ってやらねばならない。奉納舞台はそのための装置。お神楽《かぐら》や舞踊などを祭神に奉じて大人しくしといてもらおうという魂胆である。

もっとも京都に住んでいてさえ、ここで歌舞音曲が奉じられているのを観《み》ることはもはや少ない。私も成人してからはついぞお目にかかっていない。

せっかく立派な奉納舞台が手入れ不足で朽ちてゆくのは切ない。もっと有効利用すべきだ。目的はカミサマを慰めることなのだから古典芸能に限る必要はない。ロックでもなにわ男子でもいいのだ。人が集まればカミサマは喜ぶ。反面、過疎《かそ》ると憤る。

ともあれそんな状況だから、なかには寂しいを通り越してほとんど怖いことになっている奉納舞台さえある。最初に〈紫野貴船神社〉のそれを見たときは驚いた。なにしろ舞台のぐるりが金属製のネットで覆《おお》われてしまっているのだ。

「金網デスマッチでも奉納するんかいな」

脳裏にタイガーマスクの顔が一瞬浮かんだ（笑）が、普通に人が上がり込まぬようにする措置だろう。近所の悪童がタムロって飲酒喫煙でもしていたか。

貴船神社といっても、ここは勧請社だ。洛北の住宅街にひっそりと鰻《うなぎ》の寝床を敷いたような社である。かつては賀茂川を越えてこの一帯も荘園《しょうえん》として治めていた〈上賀茂神社〉の摂社だった。もちろん祀っているのは同じタカオカミ。水神だ。

この神は呪詛《じゅそ》神としての顔もある。一般の神社建築とは異なる北向きの拝殿を擁する当社は、なにか特別な目的を持っていたのではないか。鎌倉時代初期に鎮座してより霊《れい》験《げん》つとに知られると縁起には書かれている。いかなる霊験であったのか。

その日、参拝したのは日暮れ時だった。あたりの民家は息を潜め、薄闇《うすやみ》に溶け、人の気配がなかった。奉納舞台をぼんやり眺めながら、まるで貴船の山懐《やまふところ》の静けさだと考えていたとき、がちゃ！　がちゃ！　がちゃ！　と金網が鳴った。

風が吹いたのか。猫がよじ登ろうとしていたのか。しかし私にはナニモノかが内側からワイヤーに手をかけて音を立てたとしかそのときは思えなかった。

「冗談やめてんか」と何度も呟《つぶや》きながら文字通り境内をまろび出る。もしかしたら私は金網の本当の理由に遭遇したのだろうか。

神社 十一
橋姫

＊橋姫神社　宇治市宇治蓮華四七

パリに三ヶ月ばかりいたときの話。十二区にあるベルシー通りのアパルトマンで当時のツレと暮らしていた。最寄のメトロはケ・ド・ラ・ラペ。駅前のバスティーユ通りを上がれば一筋目なのだが、すぐそこにラルスナルという船着場《ポート》があり、その半ばを区切る鉄橋からの風景が好きだったので、いつも遠回りして一本西のブルドン通り経由でポートを跨《また》いで帰っていた。

サン・マルタン運河とセーヌ川を結ぶここには、何十艘ものクルーザーが競馬のパドックのように並ぶ。橋上から北を眺めれば、その向こうに革命広場のモニュメントが聳え、ときに陽射しを浴びて天辺の天使が金色に輝くとき「なんと美しい場所に私はいるのだろう」と胸を打たれたものだ。

この狭い橋の上には一人の女装が住んでいた。いや、住んでいたわけはなかろうが、いつ何時通ってもそこにいた。寺山修司の戯曲に出てくる男娼の名前から「マリーさん」と私たちは呼んだ。マリーさんは、しかし毛皮ではなく真紅のマキシドレスを引き摺っていた。右手に蛇の刺青《いれずみ》があり、左手で杖を突いていた。

あるとき彼女は素晴らしくつばの広い帽子を被っており、どう見積もっても擦れ違えそうにないので「エクスキューゼモア」と声を掛けると、にっこり笑ってつばの骨を折って通してくれた。そして「あなた、日本人。ネ？」と、話し掛けてきた。私は、パリという街のエッセンスを煮詰めたときに浮いてくる灰汁《あく》のようなこの人物を愛してはいたが、係わり合いにはなりたくなかった。のだが、ここで無視するわけにもいかない。

「そないです」と答えると、彼女はキャーッと叫んだ。

「アナタ、京都。ネ。そうでショ。アタシもよ。いやいや。どこどこ。どこの学区？」

いきなり学区かい？　と、いかにも京都人ならではの、京都人同士でしか成立しない初対面の挨拶に面食らいながらも私は短い会話を愉しんだ。そして以来、顔を合わすたび「どこ行かはんの？」「ちょっとソコまで～」という――大阪人の「儲《もう》かりまっか」「ボチボチでんな」に相当する――言葉を彼女と交わすようになった。しかし、それ以上に親しくなることも当たり前のようになかった。

その日、私はツレと一緒だった。マリーさんは唇を上弦の月に曲げて、いつものように「どこ行かはんの？」と言ったあと、私の腰に手を回しているツレに気がついて、その微笑を凍りつかせた。あれ？　と、思いながら「ちょっとソコまで～」と返して行き過ぎた私の背中に、彼女はいつもと違う低い男の声を吐きつけた。

「なんべんでも殺したるで」

あとでツレにその話をすると、お前、知らなんだのかと鼻で笑われた。マリーさんはカップルが横を通るたびに「Je vais te tuer encore et encore」とフランス語で同じ内容のことを呟いているのだそうだ。私は帰宅コースを変更した。

橋姫という神がいる。もともとは外敵の侵入を防ぐ橋の守護神として祀られていた瀬織津姫が、『古今和歌集』に始まり『源氏物語』『御伽草子《おとぎぞうし》』などに描かれる「恋する男を待ち続ける女の悲劇」というドラマを背負うようになり、やがて『平家物語』『太平記』などに登場する「橋を渡る恋人たちを食い殺す鬼女」へと姿を変えてゆく。また、橋姫は【丑の刻参り】で有名な鉄輪の女の原型ともされる。

通ってこなくなった男に嫉妬《しっと》するあまり川に身を投げ自ら夜叉に転じた悲劇的な恐怖譚は民間伝承となって日本各地で観察される。これが最終形態となったのは、やはり感情の動きとして、よりリアルだからだろう。恋に狂った女の物語の顚末《てんまつ》が綺麗《きれい》ごとで終わるわけがない。宇治川の宇治橋に祀られた橋姫を祭神とする〈橋姫神社〉の神像も、このタイプの説話に基づいた姿を模《かたど》ったものだという。それは緋袴を着けた裸形の羅刹女で、左手には蛇、右手には釣竿を持っているのだそうだ。

マリーさん、どうしているだろうか。彼女が抱える心の澱《よど》みが、いつの日かセーヌ川に流れていってくれることを祈らずにはおれない。

怖いこわい

奇妙

奇妙一
御札

❺❾八坂神社　東山区東大路四条祇園町北側六二五
❻⓿不思議不動院　北区衣笠赤阪町一‐一三三

ある宮司さんから聞いた話だが、【御札】というのは〝気〟の容器みたいなものらしい。真言が書かれたり護摩《ごま》を焚《た》かれたり、もしくは祝詞《のりと》を上げられたりすることで、ただの紙や板切れなどが人によい影響を与える「陽の気」を帯びる。だから、それを所持することで災いをもたらす「陰の気」を中和できるのだと。なるほど。

彼はまた、こうも言った。永遠に気を発し続ける御札なんてものはないのだと。それらを基本的には毎年交換しなければならないのは、からっぽになってしまうからだそうだ。

恐ろしいのは、ここからである。いちど気が籠《こ》もった御札というのはスポンジみたいにエネルギーを吸い込みやすくなっている。それが《正》だろうが《負》だろうが関係なく……。だから、あまり古いものをホッタラカシにしておいてはいけないというのだ。

御札そのものには陰陽を選別する意思や力はない。だから一歩間違うと悪い気をどんどん溜《た》め、それを発散してしまう。奉納して処分してもらうのは、それらが危険だからに他ならない。また、効きめの強いものほど逆の効果も激しいから注意が必要なのだと。

「なんでも、そやとは限らんけどな」と宮司さんは笑うが、私は充分に怖かった。しばしば戸口に大量の御札や魔除《まよ》けの類《たぐ》いが貼《は》られた家を見ると、なんともいえず厭《いや》な感じがするのは気のせいではなかったのだ。あれは負のエネルギーを陰々滅々と放っていたのだ。

京都の御札で有名どころといえば、まず〈八坂神社〉の「蘇民《そみん》将来之《の》子孫也《なり》」だろうか。

蘇民将来は人の名前。牛頭《ごず》天王が人の姿を借りて旅の途中に宿を求めたときにこれを篤《あつ》くもてなした人物。それを喜んだ天王がその子孫ともども災いを逃れるであろうと約束したとされる故事から、その子孫であるという御札を玄関に掲げて厄除けとする習慣である。

これは平安時代以前からの信仰であり、二〇〇一年には長岡京の遺跡から「蘇民将来之子孫者」と書かれた日本最古の木札が発見されている。古《いにしえ》より京都人は連綿とこれを拠《よ》り所としてきた。

さてここ数年、蘇民将来を凌《しの》ぐ勢いで目立ちつつあるのがご存じ〈晴明神社〉の五芒《ごぼう》星《せい》ステッカーと、もうひとつ〈不思議不動院〉の御札である。

とくに不思議不動院札は貼りっぱなしが基本なのか、ときおりスゴいことになっている。格子戸《こうしど》が不思議不思議不思議不思議不思議不思議不思議とびっしり埋め尽くされているお宅を発見したときは、ちょっとウッとなった。御札というより呪縛《じゅばく》に見えた。宮司さんがいうように期限切れ札に危険性があるとしたら、かなりのもんだろう。

心身を護《まも》ってくれるものなのだから、それらには感謝してほしい。それは「陽の気」を充電することに繋《つな》がる。――という宮司さんの言葉を書き添えておこう。

奇妙 二
普請負け

とにかく人気のヘアサロンだった。技術がすごいとかセンスがいいとか、さしたる理由もナシにお客さんがひっきりなし。さほど離れていない母の店は客を食われて大変だったようだ。

もとは町家の軒先に機《はた》の音を響かせる西陣の小さな老舗《しにせ》織工場。数年前に奥さんを亡《な》くしていた旦那《だんな》さんが、美容師の後妻さんを貰《もら》い、それと同時に商売をたたんで家を改装。サロンをオープンされた。七〇年代後半、キモノ産業の斜陽に拍車がかかったころの話だ。当初「あんな裏通り、だーれも来るかいさ」と母は高を括《くく》っていた。が、店は大繁盛《だいはんじょう》。くだんの後妻さんは鰻《うなぎ》の寝床を奥へ奥へと切り崩し、雇い人を増やし、バブル期には一階部分すべてがサロンになった。

が、建物を更地に戻しての全面改装に踏み切ったあたりからお商売に翳《かげ》りが射《さ》しだした。いや、そんな生易《なまやさ》しいものではない。まさに「凋落《ちょうらく》」と呼ぶに相応《ふさわ》しかった。商売敵ながら母も同情したほどだ。理由なき人気同様、絵に描いたような不幸の連続もひどく奇怪な印象があった。

まず客足がぱたりと途絶えた。うるさ方の頭をカブれさせ訴訟騒ぎになったと思ったら、息子さんの家庭内暴力。スタッフの自殺未遂。そして旦那さんが嘘《うそ》みたいな事故死。

この後妻さんという人、むしろ考え方は保守的だったという。神仏には手を合わせ、墓参も欠かさなかった。改装だって八卦《はっけ》や暦で調べて新築するによい年回りを待ったほどだ。もちろん建て替えるときはしっかり地鎮祭も行った。新しい店は風水にも気を配っていた。

【普請負け】やな――と地元の人々は囁いた。

よそさんだった彼女は、信心深くはあったけれど、京都独特の「古い家を供養《くよう》する」「人間や土地だけではなく建物や道具にも魂がある」という感覚は持ち合わせていなかったのだ。

普請負け。それは取り壊される家の〝祟《たた》り〟と考えればいいだろう。そうとしか思えぬ怪現象の例が京都にはゴマンとある。

たとえば相続税対策で江戸末期に建てられたお屋敷を賃貸マンションにしたところ、いくら駆逐しても次から次に雀蜂《すずめばち》が巣をつくるようになったという話を聞いた。入居者たちが何人も刺されては病院に運ばれ、越してゆき、しまいには誰も借り手がつかなくなって築二年ほどで解体されてしまったのだとか。

リフォームではなく解体という行為は家を殺すことに等しい。と、どこかで京都人は思っている。ならば祈禱《きとう》という形でその怒りを鎮《しず》め、許しを請《こ》う必要がある。まして大きな成功をその場所で得ていたとすればなおさらだ。

いまでこそ町家ブームに沸く京都だが、後妻さんが店を新築した八〇年代半ば、洛《らく》中《ちゅう》では古い屋敷が容赦なく破壊されていった。むろん町家が犇《ひし》めいていた西陣や室町も例外ではない。キモノ産業の崩壊は、ひょっとして【普請負け】の結果なのではないかと私は半分本気で信じている。

奇妙 三
橋占

❻❶一条戻橋　上京区堀川通一条上ル竪富田町

〈晴明神社〉はうちの氏神さんである。いまでも京都に帰れば毎日のように前を通る。子どものころから神社の向かいを流れる堀川の河床で遊んでいた。現在と変わらず水はちょろちょろとしか流れていなかったけれど、いまのようにコンクリート敷きではなかった。

ここでは幼稚園時代に同じ組だった男の子が、わずか五センチほどの深さしかない堀川の水溜りで溺死《できし》する事件が起きている。以来、河床へ降りることは禁止された。が、子どもたちが相変わらず出入りしてたのはいうまでもない。

むろんそこへゆくのは怖かった。けれど、だからといってそういう場所を避けていたら、この辺では暮らせない。あまりにも日常的に奇妙なことが起こるので地域の住人は慣れてしまっている。いつしか当たり前のこととして異常現象を受け入れるようになるのだ。

そもそもが平安京大内裏の東北角、つまり鬼門にあたる。野辺送りの最中に死人が蘇《よみがえ》ったとて、ついた名前が「戻橋《もどりばし》」。女に化けた鬼が愛宕《あたご》山に連れてゆけと渡辺綱にねだったりする土地柄なのだ。また、百鬼夜行《やぎょう》の巡回路でもあるらしい。いわく因縁には事欠かない。

江戸時代には市中引き回しのうえ、罪人はこの橋上で斬首《ざんしゅ》された。「生まれ変わって真人間で戻ってこい」と来世への希望を繋いだらしいが、果たしてそれを温情と呼ぶべきか否《いな》か。ちなみに千利休の首が晒《さら》されたのも堀川河原である。

かつて出征する兵士たちは、無事の帰還を願いここから戦地に赴いた。反対に、あまり〝主役〟に戻ってきてもらっては困る婚礼や葬儀などの一行は験《げん》を担《かつ》いでいまも避けて通る。一九九五年に架け替えられたときは親柱を支える橋桁《はしげた》の奥から箱に封印された晴明縁の人形《ひとがた》【式神】が発見されて、ちょっとした騒ぎになった。

晴明神社境内に旧橋の欄干などを利用した遺構が保存されているけれど、いくら架け替えようとも重要なのはいま架かっている現役の橋。一条戻橋には怨嗟《えんさ》と流血がべったり染《し》みついている。なにが起こっても驚くほどのことではない。

なにしろそういうものを感じる能力がきわめて低い私のような人間でさえ、戻橋近辺では何度か奇妙な出来事に遭遇している。

まず思い出すのが堀川中立売の橋詰にあるトイレ。夜中、家に帰る途中に飛び込んだときのこと。用を足してジッパーを上げた瞬間、閉まっていた個室の中から急に小用の水音が響いてきたのである。あきらかに、さっきまで自分で立てていた聞き覚えのある音だ。

個室の中、不自然なまでに延々と放尿音が響く。やがて水音が緩くなったことに気づいて、私は慌《あわ》てて逃げた。なぜなら、このトイレは入口のセンサーが人を感知して照明がつく仕掛けだと思い出したから。そして私が入る前、明かりは消えていたと気づいたから。あれは、行進中の百鬼のうちの誰かででもあったのだろうか。

あと、新しくなってからは知らないが、かつては戻橋に偶《たま》さか卜占《ぼくせん》が出た。いわゆる【橋占《はしうら》】である。晴明にちなんだか九星占い。悴《しぼ》んだように小さな和装の老人で、史跡解説の立て札がある柳の木の下が定位置だった。さほど八卦の類に興味のない私は「ああ、いてはんなあ」と存在を認識してはいたけれど、鑑《み》てもらおうなどと考えたこともなかった。

その日、逢瀬《おうせ》の帰りに私はたまたま戻橋を通りかかった。酔客を乗せたタクシーもひととおり捌《は》けたあとの静けさが耳に痛いような夜半であった。当時あまり他人様《ひとさま》に自慢できない恋愛をしていた私は、「先がない」ことを「先が見えない」のだと自分に言い聞かせながら橋を中ほどまで渡ったときだ。

「……あ……こ……ゆ……ゆ……から……らう……」

かすかなかすかな声。驚く間もなく、あの占い師だとすぐに気づいた。

「あいたもうことゆめゆめあるべからずそうろう……」

しかし目の前、いつもの定位置にその姿はない。柳の木の陰になっているのか。

「逢《あ》い給《たも》うこと努々《ゆめゆめ》あるべからず候《そうろう》……」

いや違う。その声は橋の下から聞こえていた。

袂《たもと》まで走って川端の並木の間から恐る恐る首を伸ばすと、闇《やみ》に塗りつぶされた橋の下、「占」と一文字を浮かせた行灯《あんどん》の夕月めいて薄紅《あか》い四角い光がぼうと見えた。

奇妙 四

一口

62 春日神社　右京区西院四条春日上ル春日町六一

63 元祇園梛神社　中京区壬生梛ノ宮町一八-二

坤町《ひつじさるちょう》。安居院《あぐい》。不明門通《あけずどおり》。京は難読地名の宝庫である。鶏冠井《かいで》。間人《たいざ》。瓶原《みかのはら》。洛中にも洛外にも散在している。こういう名前の土地にはねっとりとした歴史がまとわりついた印象がある。よそさんが京都に抱く漠然とした恐怖には、それら地名の〝ねっとり感〟が一役買っている気がしてならない。

京難読地名中、難易度ナンバーワンはおそらく「一口」であろう。府南部、久御山町の国道一号線沿いにある農村だ。「ひとくち」ではない。「いもあらい」と読む。

由来には諸説あるが、「一口」とは新しく築いた堰《せき》に開けた水門の口をさしているという説が有力らしい。そして、なぜ一口設けたかといえば、これは水はけをよくするため。桂《かつら》川、宇治川、木津川の合流点であり、巨椋池《おぐらいけ》の広がる一口は湿地帯だった。たびたび洪水に襲われ、住民は疱瘡《ほうそう》、痘瘡《とうそう》などの伝染病禍に恒常的に悩まされていた。

かつて疱瘡は「いも（やみ）」と呼ばれた。水門の開通は環境の改善であり、目的は疱瘡《いも》を洗い流すことに他ならず、「忌《い》み」を「祓《はら》う」手段だったことから一口は「イミ・ハライ」転じて「いもあらい」となったのだ。そう名付けることがすでに祈りというか呪術的治療《ヒーリング》だったのだろう。ちなみに東京・六本木の芋洗坂も昔は「一口坂」と書いた。さて、一口以外に治療法を知らなかった当時の人々がその他に講じられる手段は神仏に縋《すが》ることだけ。一九八〇年に疱瘡の撲滅宣言が出たが、いまでもその祈願の遺構は各地に残されている。

毎月三度、〈春日神社〉では「疱瘡石」なる霊石を特別拝観させてくださる。この社を創始した淳和《じゅんな》天皇の皇女、崇子《たかこ》内親王が疱瘡に罹《かか》り、当社に祈願したところブツブツがこの石に移って身代わりとなったと伝えられている。ブツブツというよりはゴボゴボした岩塊だ。

〈元祇園梛《なぎ》神社〉の摂社〈隼《はやぶさ》神社〉も瘡毒平癒をご利益《りやく》にあげる社。瘡神を「クサノ」と俗称するところから「隼」の転訛《てんか》「ハヤクサ」と関連付けられ信仰が起こった。〈雨《あめ》止地蔵《やみ》〉が〈目疾地蔵《めやみ》〉に変化して眼病患者が参拝するようになったのと同様の典型的な流行神である。

ここの祠《ほこら》には面白い習慣が残っている。それは祭殿に土団子を供える嘆願方法だ。成《じょう》就《じゅ》のおりには納めた土団子と同じ数の米団子をもってお参りする習わしになっている。

どんな団子なのか見てみたいのだが実物にはまだお目にかかったことがない。

ただ、姉弟《きょうだい》とおぼしき子どもたちが境内の隅で地面を掘り返して小さな玩具《おもちゃ》のバケツに土を集めていたことがあった。今日びは土団子を作るのに捏《こ》ねる泥を確保するにも苦労するのだなあと微笑《ほほえ》ましく眺めていた。姉のほうが、こんなことを言いだすまでは。

「おばあちゃんの薬なんやし、ようさん集めて帰らんとおかあちゃんに怒られるえ！」

それが特殊な一口の一種《ヒーリング》なのか、姑《しゅうとめ》イビリの手段だったのかはいまだに判《わか》らない。

奇妙五
石I　禁忌

㊹總神社　北区紫竹西南町四六

京都が【魔界】かどうかは知らないが、ここは間違いなく【禁忌《タブー》】の街ではある。ときに人は、いけないと解《わか》っていても禁断の行為に誘《おび》き寄せられる。筒井康隆《やすたか》の短編「熊《くま》の木本線」をご存じだろうか。ある山奥に伝わる、口ずさむと災いが起こるとされる民謡を、微妙に詞を変え歌って愉《たの》しむ村人たちの話だ。彼らは禁忌の中毒者なのだ。

洛北の住宅地にある〈總《そう》神社〉。いつも息を殺したような小祠《しょうし》である。その日は珍しく境内に数人の子どもたちが遊んでいた。私はといえば、社務所の脇《わき》にある奇妙な石に夢中だった。いままでも何度か来ていたけれど、それに気がついたのは初めてであった。

いったいなんだろう。花崗岩《かこうがん》の井筒が組まれ、そのなかで白砂に埋もれて石は氷山みたいに頭だけ覗《のぞ》かせている。井筒はさらに鉄柵《てっさく》で囲われ、各角のポールには竹の細竿《ほそざお》、接触や侵入を阻《はば》むいわゆる「結界竹」が立てられて、紙垂《しで》と藁《わら》しべが下がった細い注連《し め》縄《なわ》が大人の視線ほどの高さで一周していた。

説明書きはない。が、井筒には梅の刻印がある。ここは道真縁の神社だから菅公に関連したものに間違いはない。それにしても、これはあからさまに石を封じてあるとしか考えられない。上部には鉄骨枠に金網が張られた覆《おお》いが被《かぶ》さっており、直接は手で触れられないようにしてある。

ふと気がつくと、五、六歳くらいの男の子が側《そば》にいた。あまりにも私が真剣だったので好奇心が刺激されたとみえる。しばらく並んで眺めていたが、男の子はおもむろに井筒と金網の隙間《すきま》から石を触ろうとした。そのときだ。ものすごい叫び声だった。ベンチに座ってお守をしていたと思《おぼ》しき初老の女性が喚《わめ》きながら駆け寄ってきて、その子の腕をむんずと摑《つか》み放り投げたのだ。

彼女は私など見えていないように、泣きじゃくる男の子をばしばし叩《たた》き続けた。子どもを引っ立てて境内を去ってゆく老婆《ろうば》の後姿を呆然《ぼうぜん》と見送りながら「とにかくこれは地域住民にとって絶対的な禁忌なのだ」ということだけは理解した。

總神社はこの辺り一帯の産土神《うぶすなかみ》だという。かつては「萱宿の森」と呼ばれる雑木林が広がっていた。左遷《させん》の決まった菅原道真が、この土地に住む叔母を訪ねて一晩中怨嗟の言葉を撒《ま》いたことから付いた名だそうだ。また、ここには「常盤《ときわ》の森」の別名もあり、こちらは源義朝《よしとも》の妾《めかけ》だった常盤御前が牛若丸（義経《よしつね》）を産み落としたとの伝説からきている。

人間と時代が煮込まれて歴史はできあがってゆく。正史に残らない迷信や言い伝えなどは歴史の灰汁《あく》みたいなものだ。禁忌もまた不必要なエグ味ではある。しかし、どんなに丁寧に掬《すく》っても灰汁を消すことはできない。かりに完全になくなってしまったら、さぞや歴史は味気ないだろう。

京都には鍋《なべ》の縁にこびりついた灰汁のように禁忌が染みついている。そして、それは確かにこの都市の魅力である。その証拠にそのとき以来、私は帰国するごとに總神社を参らずにはいられない。禁忌の魅力はかくも抗《あらが》い難い。

奇妙 六

石II 夢の磐座

㊺弁慶石　中京区三条通麩屋町東入ル弁慶石町

ぼんやりと歩いているとき私は俯《うつむ》いていることが多い。自分でもなぜなのか解らなかったのだが、最近、石を探しているのだと気がついた。別に貴重だとか化石入りだとか、そういう特別なものが欲しいのではない。波長が合うとでもいえばいいのだろうか。なんとなく「いいな」と感じたものを拾ってポッケにしまって持ち帰る癖がある。〈八坂神社〉を散歩しているとき、ふと目に止まった黒い小石。雑草の葉陰に落ちていたのに掌《てのひら》に包んだとき温かかった。そしてその晩からおなじ夢を続けてみるようになった。

それは迷子になる夢。まだ子どもの私が当時の懐《なつ》かしい風景の中を歩いている。その角を曲がれば家が見える……というところまできて私は歩調を速めた。しかし、それは全然知らない通りに繋《つな》がっていて、けれど私は不思議にも思わずそのまま先を急ぐ。次の角を曲がり、また曲がって、曲がって、ふたたび最初の辻《つじ》に辿《たど》り着くのだけれど、そこを折れると、またもや覚えのない眺めが横たわっているのだ。

それが三夜連続。べつに、さして怖くはなかったのだが飽きてきたのでいろいろ考察してみた。夢というものが現実と願望の破片を閉じ込めた万華鏡《まんげきょう》だというなら、きっと三日前の出来事を検証すればなにかしら原因となるべきものが発見できるはずだ。

で、その結果、夢は「いま枕元《まくらもと》に置いている、あのときの小石」が運んできたのではないかという仮説に至った。さっそく八坂神社を再訪。私がそれを拾った東北角の鳥居を入ってすぐのところに戻しに行った。と、三日前には印象に残らなかった駒札《こまふだ》に、すっと視線が吸い付いた。

【夜泣き石】。そう名が書かれていた。漬物石サイズの、本当になんの変哲もないものなのだが、これが夜な夜な泣き声を発するという。とくに具体的な因縁は記されていなかった。けれど、私がお持ち帰りしてしまったのは、この石の欠片《かけら》だったのかもしれない──そんな気がして、それを夜泣き石の傍らに寄せておいた。

なにゆえ人は、命を持たぬ石が泣いたり祟《たた》ったりするなどと空想するのだろう。巨石信仰、神の降りる磐座《いわくら》の跡は世界中に発見できる。八坂神社境内にも、まだ「二見石」と呼ばれる奇妙な岩が内宮と外宮の間、大神宮内に鎮座している。こちらは末社として祀《まつ》られているので立派な信仰対象らしい。その根は地軸に届くほど深いといわれる。

もうひとつ洛中の奇石を紹介しておきたい。武蔵坊《むさしぼう》弁慶のペットであった「弁慶石」。華やかな歓楽街の裏手、雑居ビルの前庭にひっそりと立てられている。

弁慶は私など足元にも及ばない石マニアだったようだ。とくにこの石は大変な可愛《かわい》がりようで、最期《さいご》を迎える平泉にまで持ち運んでいる。その執着が乗り移ったか、主人の歿後《ぼつご》「三条京極に往《ゆ》かむ……」と発声鳴動。付近一帯に原因不明の疫病《えきびょう》が蔓延《まんえん》したため、享徳《きょうとく》三（一四五四）年に現在の場所に運ばれてきたと伝えられている。

それにしても、この弁慶石。あまりのさりげなさに最初は「イケズ石」かと思ったものだ。

奇石というには当たらないけれど、ある意味このイケズ石という存在も非常に〝京都らしい〟かつ〝怖い石〟ではある。それは単純にいえば、車が家を擦《こす》ったり、前に無断で停められないように邪魔するための立て石だ。コンクリートで根元ががっちり固められた膝丈《ひざたけ》ほどの自然石が多い。細い曲がり角などでも、よく観察できる。

「ウチくらいなんぼでも傷つけてもろて宜《よろ》しおすけど、大事なお車がウチのせいで傷ついたら困りますやろ。目印に石置いときまっさかい気ィつけとくれやっしゃ。ほほほ」

という、その名の通り非常にイケズな習慣である。まあ、どれほどの効果があるかは定かでないが、気は心というか、おまじないみたいなものともいえる。

石に命はない。けれど、石には力が籠《こ》もる。夢を操る力。車を寄せつけない力。あるいは人の強い思い、あるいは神や魔さえも籠もらせて災厄を招くことすらできる力。私がポケットに石を詰め込みたがるのは、趣味というよりも古代人から受継がれてきたDNAの発露なのかもしれない。依代《よりしろ》を拾い集めているのである。

奇妙 七　エンザサンザ

＊表延座参座　伏見区竹田桶ノ井町八-二　竹田小学校正門前
＊裏延座参座　伏見区竹田 近鉄竹田駅東側下ル線路沿

この世と、あの世の境目に立っているのだ――と思った。ありふれた住宅街。なにひとつ古《いにしえ》の気配を伝えるものとてない退屈な風景のなかに、それは突如姿を現した魔界への入口であった。

近鉄・竹田駅。地下鉄烏丸《からすま》線終点でもある。〈城南宮〉参詣《さんけい》時に利用するくらいで、ほとんどの洛中の住人にとっては親戚《しんせき》でも住んでいなければ馴染《なじ》みのない土地だ。ここに奇妙な中世の遺構があると聞いて、やってきたのは残暑がのたうつような九月の半ばであった。

降り立った東口の景色は京都市内とは思えぬ新興の地方都市めいた雰囲気。教えられた通り名神高速の高架を越えて線路沿いを南に向かう。と、すぐにそれは見つかった。なるほどこいつは奇妙だ。歴史の澱《おり》が凝《こご》ったような正体不明の遺構は京に数あれど、こいつはそのなかでも最高峰のひとつだろう。貧相なグリーンベルトの端。線路を隔てるコンクリート塀を背後にして、生垣とフェンスに囲まれた四角い水溜《みずたま》りがあり、その前には葉のついた竹が立てられて注連縄が張られているのだ。

祠もない。岩石や樹木などがあるわけでもない。まさか、このドブ水を祀っているのか。それにしてはエラく立派な本式の注連縄だが。そういえば、三本足の鳥居で有名な〈蚕の社（木嶋坐天照御魂神社《このしまにますあまてるみたまじんじゃ》）〉は湧水《ゆうすい》が御神体だっけ……。

あまりにもワケがわからないので想像力が暴走して考えがまとまらない。とりあえず近所にもうひとつあるという類似物件を見てみようと決め、〈竹田小学校〉を探した。それは校舎の正門に至る細い道にあるという話であった。

辿りついてみれば想像に反して、そちらはもっと大掛かりなものだった。道の両脇に聳《そび》えた、かなりの古木と思《おぼ》しき二本の椋《むく》の間を高さ六メートルほどの位置で注連縄が結ばれている。こちらはあきらかに異なる世界を繋ぐゲートの役割を果たしているのだと察せられた。

すぐ傍らにある小さな四阿《あずまや》は、いちおう祠らしい。御神体は切り株。たぶんこれも椋である。樹木が祀られる場合、京都ではほとんどが杉。かつて鎮守の森に神社の依代として聳えていたものである。そうでない場合はいわゆる神木か、なんらかの逸話・伝説を秘めている。

竹田小学校は明治十三（一八八〇）年に廃社となった〈山王権現《ごんげん》大宮社〉跡地に建つ。それは保延《ほうえん》元（一一三五）年に鳥羽《とば》上皇が勧請《かんじょう》した山王七社の神像を戴《いただ》く由緒《ゆいしょ》ある神社であった。ただしあくまで離宮〈鳥羽殿〉の産土神だったので鎮守の森はなかったはず。位置的にみて神木だったわけでもなさそうだ。だとすれば残るは樹《き》を切り倒したことが原因で起こった（と考えられる）トラブルを封じるために祀られた可能性である。こんもりと広がった樹幹の下、その陰のなかに囚《とら》われてしまったかのように注連縄の向こうとこちらを行ったり来たりしながら、いつまでも私は立ち去れなかった。ドブ水のほうの注連縄も同じ目的で編まれ、架けられているのだとすれば、あの澱《よど》んだ水面はやはり彼岸のどこかへと通じているというのだろうか。

のちに井上頼寿《よりとし》氏の『京都民俗志』(平凡社)に、私は竹田の注連縄についての言及をみつけた。あれは「えんざさん」というのだそうだ。「道切り」といわれる風習の一形態で、入口というよりは村落に悪霊《あくりょう》などが侵入してこないように張った結界のようなものらしい。

「えんざさん」は、注連縄を綯《な》うときの囃《はや》し声から「エンザサンザ」とも呼ばれる。「延座参座」の字を充《あ》てるけれど、はっきりした語源は判明していない。が、なんとも呪術《じゅじゅつ》的な響きである。

神道系の儀式でありながら明治期に胡乱《うろん》な俗習として廃されていった経緯も興味深い。それまでは四十八塚ものエンザサンザが竹田をとり巻いていたそうだ。

ここはなにか特別な神祇《じんぎ》の土地だったのだろうか。それとも鳥羽上皇の私的な呪術装置として機能していたと考えるほうが自然だろうか。なにしろ祖父である白河法皇から譲位されて以降、崇《す》徳《とく》、近衛《このえ》、後白河の三代に亘《わた》り三十年近くこの地に閉じこもって政務を執っていたのだ。その間には後に「保元の乱」の火種ともなる崇徳上皇との確執もあったわけだし。

魑魅魍魎《ちみもうりょう》を眷族《けんぞく》に従えて竹田を襲う崇徳上皇の怨霊《おんりょう》を迎え撃つために必要だったと考えれば、かくも大量のエンザサンザが結ばれたわけも、それが自然消滅していったわけも説明できる。ゆえに離宮も消失し、山王権現も廃絶された段階で意味を失ってしまったのだと。

残暑の陽炎《かげろう》のなかで古代兵器の残骸《ざんがい》が朽ちてゆく様を私は見ているのだと思った。

奇妙 八　西院の眠り男

＊阪急西院駅　右京区西大路四条高山寺町

会社員時代、私は京都の実家から大阪まで阪急京都線で約一時間かけて通勤していた。これがたまらなく苦痛だった。もっとキツい条件で職場に通う人たちがナンボでもいることくらい知っている。が、そもそも京都人は「鉄道」というものに弱い。

路面電車なきあと、私たちにとってバスとタクシーが二大交通機関。嵐電《らんでん》（京福電鉄嵐山線《あらしやま》）は明治から走っていたし、阪急京都線だって昭和初期には開通している。けれど、どちらにしてもそれらは洛中の移動手段ではない。ということは「ほんなもん〝京都人の足〟とは口が裂けてもズボンの股《また》が裂けてもいえまへん」ってことなのだ。

イヤイヤながらの通勤生活。とにかく忙しくて連日終電近くまでの残業だった。電車のなかでは本を読む気力すらなくひたすら外を眺めていた。そんなある日のことだった。

その夜、いつにもまして遅くなった私は、最終の特急をミスり急行に乗っていた。当時、阪急京都線は西京極を通過したあと地下に潜り、一つめの特急停車駅が私の降りる「大宮」であった。だがそれが急行であったことをうっかり忘れ、トンネルに入って初めに停車した「西院」に条件反射で降りてしまったのだ。我に返ったときにはすでに遅し。小豆色の電車は動き出していた。

それを見送りながら次を待つかタクシーにするか逡巡《しゅんじゅん》しているとき私は奇妙な男を発見した。蛍光灯の緑っぽい光に照らされた向かいのホームの端。彼はイーゼルを立て筆を握っていた。

全身黒ずくめ。肩までストレートの髪をおろした痩《や》せた男だったことは覚えている。映画『カリガリ博士』に登場する「眠り男」チェザーレみたいな感じ。けれど、上がシャツだったか薄手のニットだったかというディテールまでは思い出せない。顔つきもおぼろげである。ゾッとしたのは彼がトンネルの先の暗闇《くらやみ》を凝視していることに気がついたときだった。いやいやアートの人はインスピレーションがどーとかこーとかあるんだろう……と自分を納得させて出口に向かおうとした刹那《せつな》、また私は気づかないでいいことに気がついた。

キャンバスが真っ白だ。

そのあとは必死である。振り返ったらアカン。こっち見たはったら洒落《しゃれ》んナラン。頭のなかで反芻《はんすう》しながら足早にその場を去った。大阪方面行きである対面プラットフォームでは、とうに終電の時間を過ぎていることに思い至ったのはタクシーのシートに落ち着いてからであった。

地元の人々は「西院」を「さいいん」ではなく「さい」と発音する。かつて平安時代〝この世の彼岸〟である西山と洛中を隔てる三途《さんず》の川＝紙屋川の河原であったことの名残りだ。「賽《さい》の河原」のさいなのだ。なにかが迷って彷徨《さまよ》いだしても不思議のない土地ではある。

さて、それ以降は決して最終特急を逃さぬようにした私だが、同時に「西院」を通過するたびに窓からあの眠り男を探すのが癖になった。二度目の邂逅《かいこう》はまだない。

奇妙九
千躰仏

66 壬生寺　中京区坊城通仏光寺上ル
67 天寧寺　北区寺町通鞍馬口下ル天寧寺門前町三〇二

「壬生狂言」は彼岸の住人による無言劇である。

単調な鉦囃子のなか檀家《だんか》遺族が奉納した死者の衣装を身につけた念佛講《ねんぶつこう》の人々によって演じられる舞台は、芸能という形で繰り広げられる法要であり供養《くよう》である。これを観《み》る者は日本における演劇というもののルーツに【鎮魂】なる祈りがあることを体感する。死者によって教えられる。夥《おびただ》しい犠牲者を出した正安二（一三〇〇）年の疫病禍にあって〈壬生寺〉の円覚上人《しょうにん》が始めた持斎融通念佛を起源にしていると知れば「なるほど」と思う。

けれど死者から明け渡されたふだんの壬生寺には、喧騒《けんそう》に満ちながらも粛々と慎《つつ》ましくもある狂言の日のムードも、歴史をたどれば平安時代以前にまで遡《さかのぼ》る古刹《こさつ》の佇《たたず》まいも感じられない。猥雑《わいざつ》な生者のエネルギーに支配されている。

百円入れると故三橋美智也《みちや》先生の「あ、新撰組《しんせんぐみ》」が流れる歌碑とか、海底怪獣マンダが住む池とか、油断をしていると水を吹きかけてくる金色の亀《かめ》とか、壬生寺はキッチュの吹き寄せだ。「帰依《きえ》すれば、ひと夜で知恵を授かる」とかいう〈一夜天神堂〉や怪音を発する〈夜泣き地蔵〉、柿本人麻呂《かきのもとのひとまろ》の灰塚なんていう曰《いわ》くありげな石碑まで〝人が生きる〟ことの混沌《こんとん》を謳歌《おうか》している。

けれど、ひときわ境内で目を引くのが巨大な【千躰仏《せんだぶつ》】。平成元（一九八九）年に創建千年記念行事の一環として築かれた奇妙な塔だ。一瞬ブリューゲルの名画「バベルの塔」を思わせる。円錐形の建築はミャンマーのパゴダを模してあるという。築材の石仏やお地蔵は明治時代に京都市が進める区画整理の暴力を逃れて集まったもの。これも死者の供養であることは変わらない。

ずっと規模は小さいけれど〈天寧寺〉にも同様の塔がある。こちらは【無縁仏】が材料だ。

菩提《ぼだい》を弔う者のない墓を人が恐れるのは、

忘れ去られた死者の境遇に共鳴してしまうから。そして、その孤独ゆえに誰かに取り縋《すが》ろうとしているのではないかと想像してしまうせいだろう。壬生狂言を奉納し、霊を慰《い》撫《ぶ》する心理の裏にあるのと同様の恐怖である。

そんなふうに考えると天寧寺の塔は無念を抱えた霊の集合住宅。むろんほんのりと怖くはあるのだけれど、私はこれが好きだ。眺めていると無縁仏同士肩寄せあって「淋《さび》しいのはお前だけじゃない」と寂寥《せきりょう》を紛らわせているような気がしてくる。

天寧寺みたいな小さなお寺ですら塔になるほどの無縁仏が出る。寺院と墓陵が犇《ひし》めきあう京都全体を合わせると、どれほどの量があるのか想像もつかない。それらが放置され、ただ草生《くさむ》してゆくに任せるのであれば、いっそすべてを持ち寄って巨大な千躰仏、万躰仏を屹立《きつりつ》させてみてはどうだろうか。そして供養の踊り念仏だの無言狂言だのを一週間くらいぶっ続けで開催するのだ。

この世の猥雑と混沌が、あの世の無念と寂寥を浄化する究極の鎮魂になりはしないだろうか。

奇妙 十
わたしの神様

　とある老舗《しにせ》日本旅館を、そこの女将《おかあ》さんに案内してもらったときのこと。庭の片隅に小さな祠《ほこら》をみつけた。植木に遮られているけれど、豊かな苔《こけ》の海に飛び石が浮いて続いている。

「あれ〈手水稲荷《ちょうずいなり》〉いいますのえ」彼女はちょっと恥ずかしそうに、いわくを説明してくれた。

旅籠《はたご》は真っ白な漆喰壁を巡らせた古風な宿なのだが、かつてそこで用を足してゆく不謹慎者に悩まされていたという。毎朝の掃除は若かりし女将さんの役目。当然、厭《いや》で仕方ない。「こんなことする不埒《ふらち》なちんちんは腐って落ちてまえ」と呪《のろ》いつつ義務を果たしていた。が、ある朝、クチナシの実で染めたような壁を前に彼女は決心した。赴いたのは〈伏見稲荷大社〉。そう。立小便除《よ》けのまじないといえば「鳥居」と京では相場が決まっている。地下鉄駅の構内にまで貼《は》られているくらいだ。一抱えも買込んで取り付けたところタチドコロに効果があった。お稲荷さんは霊験《れいげん》にうたれた彼女が勧請したものであった。

京の裏道には名もなき個人稲荷がたくさんある。きっとそれぞれ家ごとの逸話を秘めて祀《まつ》られたのだろう。それを想《おも》うと、なんとなく愛《いと》しいような切ないような気持ちが湧《わ》いてくる。

伏見稲荷参道にはミニチュアサイズから、大人が優に潜《くぐ》れるものまで普通に鳥居が売られている。この街では個人稲荷勧請は特別な行為ではない。誰もが気楽にカミサマを囲う。

高校時代のクラスメイトに由緒《ゆいしょ》正しきヤクザの一人息子がいた。何度か遊びに行ったことがあるが、いつも開けっぱなしになった八畳間いっぱいの神棚に圧倒された。しかなにしろ右から左の壁から壁、天井から畳まで掛け値なしにいっぱいいっぱい。しかも金箔《きんぱく》張り。奥行もかなりあったので、人が座れるスペースは半分にも満たなかったと記憶している。「トリップする」とかいって襖《ふすま》を閉め切りピンク・フロイドを一緒によく聴いたものだった。

あるときこの神棚の間で友人が奇妙な話をしてくれた。抗争をはじめ大事の前になると、組長である彼の父親は副組長を伴い潔斎してこの部屋に閉じ籠《こ》もるのだそうだ。

「中にいるのはオヤジと若頭だけのはずやのに、ときどき、もっとようけで話してる声がすんねん。そやけど〝お籠り〟のときは二人が出てくるまで絶対に立ち入り禁止やねん」

彼の家の玄関に続く私道には、この神棚の分社だという祠が祀られていた。鳥居が金に塗られた異色のカミサマだった。なりゆきで組員さんたちと並んで手を合わせた経験がある。このときこそ本気でビビったものだ。いったい祭神はなんだったのだろう。

前回帰国したとき道端でその友人とバッタリ会った。もはや立派な若頭である。ほんの少し立ち話しただけなのだが、ふと思い出してなんとなしに訊《き》いてみた。

「ほな、いまはお前も〝お籠り〟してるんや。で、どや？」

しかし彼は「おう、そやな」と、なにやら謎《なぞ》めいた笑いで答えるだけであった。

奇妙十一

水掛不動

❻❽兒水不動尊　南区八条壬生上ル
❻❾法華寺　下京区中堂寺通坊城下ル島原西新屋敷中之町一〇八

ときどき足が火照《ほて》る。熱を持って痛いほどだ。パソコンに向かっても集中できず、ベッドに横たわっても眠るに眠れず、ヒジョーに辛い。昼間に歩き過ぎたとか、実際に部屋の温度が高いとか、カロリーの過剰摂取とか、そういうのとは関係なしに突然それは足の裏を襲う。あれはいったいなんなのだろう。

集中すると私は鼻でなく口で息をするようになるので喉が渇く。雨の降りだす前は気圧のせいで頭が重くなる。きっと、そんな因果関係があるはずなのだが皆目見当がつかないので余計に気になる。ビニール袋に氷を投入して、そこにしばらく足を突っ込んでいてもまだ収まらなかったりすると、ちょっと怖くなったりする。

これが家でならまだしも対処のしようがある。けれど外で発熱しだすと、もー大変。裸足《はだし》になるわけにもいかず、まるで水虫持ちのようにモジモジするのが関の山だ。以前サンダル履きだったのをいいことに、コンビニで炭酸水のペットボトルを買って足にぶっかけながら歩いていたら、バケモノに出くわしたような顔で見られた。が、こちとらは外聞を気にできる状況ではなかったのだ。

あれは東寺の弘法市《こうぼうさん》に出かけたときだった。その年最後の「終《しま》い弘法」。ものすごく混雑するという話だったが、いっぺんくらいは覗いておこうと考えた。のだが、根性ナシには向いていない選択だった。まず、寒い。想像を絶する人ごみで、押しくらマンジュー押されて泣くな状態なのだが、ちっとも助けにならない。境内には甘酒だの関東炊《おでん》だの温まるものを売る屋台もたくさん出ていて、それらを摂取しながら歩くのだけど焼け石に水。いや、氷山にお湯である。

しかも、そんなときに限って例の火照り足が始まってしまった。また、そのときの熱さが尋常ではなかった。それでもせっかく来たのだからと我慢して骨董をひっくり返したり古着を掘り返したりしていたが、だんだんと気分が悪くなってきた。体は芯《しん》まで冷えているのに。足だけが燃えるようだ。「失礼のないよう、夜叉神さんにもご挨拶したんやけどなー」と呟きながら帰ることに決めた。

雑踏から逃れ、足を引き摺りながら人通りの少ない東寺西辺の壬生通を歩いて八条通まできたとき、JRの高架の向こうに小さなお堂があるのを発見した。こんなときでも好奇心にだけは逆らえない。どうせお地蔵さんかなにかだろうとは思いつつ近づいてみ

ると、それはお不動さんであった。「兒水《ちごのみず》不動尊」とある。

木造の祠の下、大小の自然石が組まれた立派な磐座《いわくら》があり、三十センチほどの石像が祀られている。あたかも割れた岩塊から生まれたがごとき姿。峻厳な雰囲気を漂わせていた。お不動さんの載る磐座の下からは湧水が流れ、寒気に触れて白い湯気をたてている。本当に火焔の上に佇んでいるようだ。手前には薄緑のポリバケツに水が溜めてあった。いわゆる【水掛不動】である。

私は合掌して明王の破魔の功徳に感謝し、置かれていた柄杓《ひしゃく》で水を掬い、お不動さんの足元にそっと掛けた。それから靴と靴下を脱ぎ、ズボンの裾をロールアップして手を合わせ、またお不動さんに水を掛けてから理性の困惑を宥《なだ》めつつ、こんどは自分の足にその水をいただいた。水が掛かった瞬間、まるで煮え湯に浸けたみたいな灼熱《しゃくねつ》を感じ、そのあと気化熱が奪われるみたいに濡れた足からすうっと火照りが消えていった。

ここは鎌倉幕府三代将軍源実朝の妻、西八条信子が亡夫の菩提を弔うために建立した〈大通寺〉なる寺院の境内にあったらしい。それ以前から名水「兒ノ水」は湧いており、そこに源経基を祀る〈六孫王社〉を鎮守社として勧請したのがお不動さんの起源だという。元禄年間には広大な寺域を所有していたと記録にはあるが廃仏毀釈と上知令によって衰弱。東海道線開通に伴い不動尊だけが湧水とともに取り残された。

水掛不動というと柄杓で掬った水をばしゃばしゃと景気よく明王像にぶっかける人たちがいるけれどトンでもないことである。貪・瞋・痴を滅ぼさんと火炎を踏むお不動様のお御足をお冷ましする行為なのだから。そのための水がわたしの足の火照りを鎮《しず》めてくれたのは、ある意味で当たり前のことだったのかもしれない。勿体ないことである。

怖いこわい人間

人間一 岩神さん

⑳岩上神社（岩上祠）　上京区上立売通浄福寺東入ル大黒町

高校のクラスメイトで仲のよい二人がいた。私も気があってちょくちょく彼らと遊んでいた。大学卒業後、一人は家業の織物会社若旦那《わかだんな》に納まり、もう一人は公務員になった。

いつごろからだろう。二人がギクシャクしだしたのは。記憶に残らないほど些細《ささい》な誤解が招いた諍《いさか》いがエスカレートしてゆく様は傍目《はため》にも怖かった。そんなある日、若旦那氏が言った。お前は呪《のろ》いを信じるか？　と。なんでも、知り合った拝み屋さんから「ストレスの元凶を断つ方法」とやらを教わり実行してみたのだそうだ。眉《まゆ》を顰《ひそ》める私を気にする様子もなく彼は笑った。

「俺のストレスゆうたら、あいつしかおれへんやんけ。どないなるか楽しみやわ」

公務員氏が突然うちを訪ねてきたのはその数日後。挨拶《あいさつ》もそこそこに「あいつが僕を呪っとるてホンマか？」と切り出した。私は、自分が聞いたそのままを話すしかなかった。彼は、「どーでもええわ。僕にも考えあるし」と吐き捨てるように言って帰った。

そして一ヶ月もしないうち、この一帯で若旦那氏についての〝ある噂《うわさ》〟を知らない者はなくなった。いわく――ややこし宗教に入らはったらしいなあ。退職願い出した社員さんが呪い殺されたんやて。いま、あそこの工場はサリン作っとるて出入りの業者が言うとったで――。

オウム事件直後だったのも災いしてか、すごい勢いでゴシップは広がった。共通の友達としては京都人の恐るべき巷説《こうせつ》媒介能力に感心している場合ではなかった。が、どうしようもない。

【呪詛《じゅそ》】と【口コミ】の応酬。この図式は京の定番である。個人レベルだけでなく、たとえば不動産屋がライバルの物件に「幽霊が出る」と触れて回るなんてのもその一種だろう。

社寺が絡《から》んだ宗教戦争も多い。〈八坂神社〉と〈清水寺〉のシンパによる、東山の参道坂道＝早死にの〈三年坂〉か？　安産の〈産寧坂〉か？　の論争は有名だろう。けれど私はやはり地元の〈岩上神社〉、通称「岩神さん」にまつわる逸話を思い出してしまう。

元をただせば猪熊《いのくま》の〈冷泉院〉鎮守社に置かれていた庭石であった。二条城築城に当たって社を奪われてより怪異を起こすようになったと伝えられている。そのせいで洛《らく》中《ちゅう》を転々としたのち、この異形の巨石を勧請《かんじょう》したのは真言宗の僧であった。彼は母乳の出を増すご利益《りやく》を喧伝《けんでん》して〈有乳山岩神寺〉なる流行寺をプロデュース。大成功した。

この人気に目をつけたのが西陣の氏子を二分する〈北野天満宮〉と〈今宮神社〉。「岩神に宿るは道真の怨霊《おんりょう》に殺された藤原時平の乳母。天満宮を詣ると霊験《れいげん》はない」なんて流言を囁《ささや》く輩《やから》もあれば、「岩神を詣る者は菅公の怒りに触れて災難があるだろう」と飛語を伝える人々もいた。神や仏は衆生《しゅじょう》を救済する。ただし帰依《きえ》する者に限って……。

若旦那、公務員両氏は現在でも絶交状態らしい。どちらかが失明して、どちらかが事故の後遺症に苦しんでいるという。もっとも私も風の便りで聞くばかりだが。

人間二
京女

71 祇園女御塚　東山区祇園町南側

古びた京の旅館に宿をとったとしよう。案内された部屋には能面が飾られている。

「般若《はんにゃ》」と「小面《こおもて》」、どっちが怖い？　それが怪奇映画で私が演出家なら躊躇《ちゅうちょ》なく「小面」を選ぶ。憤怒《ふんぬ》や怨念を露《あら》わにした「般若」より、感情を包み隠した「小面」のほうがずっと恐ろしい。

「小面」が漂わせる粘着質の妖気《ようき》。それは、そのまま【京女】が秘める怖さと同質のものだ。穏やかで、控えめで、楚々《そそ》とした、京女的魅力とされるすべてが、ときに人を不安にする。

が、私にいわせれば京女ほどわかりやすい人種はない。穏やかさも控えめさも基本的には意思を伝えるためのテクニックだと知っているからだ。ちょうど小面をつけた役者が、ほんの少し頭を動かすだけ、僅《わず》かに首を傾《かし》げるだけで観《み》る者に感情を届けられるように。

「最小限の努力で、最大限の効果」。これが京女の言葉にしないモットー。努力を惜しむという意味ではない。無駄な努力をしないだけ。「アカン」と結論した彼女らは容赦なく直截《ちょくせつ》だ。

かつて親しくしていた生粋《きっすい》の京女がいた。彼女もヘンテコな場所が好きで、よく二人でぶらぶら歩きを楽しんだものだった。

もともと寂しげな顔立ちの美人だったが、その日はひどくアンニュイだった。かと思えば子どもみたいにはしゃいだり。変だなとは感じていた。彼女は不倫をしていたので、なにかあったのかな、とか。けれど言いたいことは、なんとしても言うのが京女。こちらからは尋ねなかった。

いまはなきフルーツパーラー〈八百文〉で待ち合わせ、円山公園でおばけ枝垂《しだ》れの葉桜を眺め、池端から〈高台寺〉をめざして南へ抜け、音楽堂前まできたときだった。

「あんなあ、あれなにか知ったはる？」

彼女は道端の崩れかけたような阿弥陀《あみだ》堂と、その前にある猫の額ほどの空地に視線を投げた。そこにある五輪石塔は白河法皇の妾后であり、のちに平忠盛《ただもり》の後室となって清盛を生んだとされる白拍子（当時の遊女）の墓なのだと彼女は教えてくれた。〈祇園女御塚〉と呼ばれているのだと。

「よう知らんけど、ここ、祟《たた》らはるんやて。小石を拾《ひろ》ただけで死んだ人もいはるんやて」

そう呟《つぶや》くと、彼女はついと塚に寄って草叢《くさむら》から人さし指の爪《つめ》ほどの砂利を摘《つま》み上げた。

ちょっと縁起悪いことせんとき！　と声を荒らげた私を振り返りもせず彼女は呟いた。

「もう、ええかげん死んでもらおかと思て」

なにも問いただせなかった。その貌《かお》は孫次郎の小面をつけた『班女《はんじょ》』のシテ方のようだった。

やがて私が英国に渡ったことで自然に付き合いは絶えた。けれどいまでも、あの場所を通ると彼女を思い出す。いつのまにか、そこにはモデルハウスみたいな今風の寺院が建ち、塚も祟りとはどう考えても無縁な安っぽい宝篋印塔《ほうきょういんとう》になっている。

人間 三
一見さんお断り

㉒一力亭　東山区花見小路四条下ル祇園町南側五六九

もしかしてドッペルゲンガーなのだろうか。世の中には瓜二つ《うりふた》の人間が三人はいるというけれど……。と、いうわけで、このあいだ帰国したときの手に汗握る恐怖体験を書いておきたい。

休暇を取って遊びにきていた英国人のツレと一緒に祇園を歩いていた夕暮れどきだった。〈一力亭〉の前にさしかかり、「この素敵な建物はナニ？」という質問に答えてお茶屋さんのシステムを掻《か》い摘んで教えてから、悪名高き【一見《いちげん》さんお断り】について説明を始めた。

まず、お茶屋さんというのはツケが原則なので身元のわからない人間を入店させないこと。内輪だけが原則なので異分子が紛れ込むと守秘性が危ぶまれること。客の一人一人に合わせたプライベートな接客をするので好みが判《わか》らない者をもてなす術《すべ》を持たないこと。などなど。

「つまり一見さんを粗末にしているのではなく、お馴染《なじ》みさんを大切にするための方法論なんだよね。雰囲気を壊されたくないわけ」

早い話がイギリスの「ジェントルマンズ・クラブ」みたいなもんだけど入ってみたい？ と水を向けるとツレは首を横に振った。ちょうど私たちは〈一力亭〉と並び称される有名なお茶屋さんの前へきていた。そのときである。女将《おかあ》さんとおぼしき人が格子《こうし》戸《ど》を開けて姿を現した。視線が合ったので軽く会釈《えしやく》をすると、彼女がひとこと。

「いやぁ先生やおへんのん」

「え、あ、いや、はあ」

私は京都限定で少しだけ名前が知れている。また、このお茶屋については以前に雑誌のエッセイで触れたことがあるから、きっと目を通されていたのだろう。その節はどーもなどと口籠《くちご》もっているうちに、あれよあれよと「お茶だけでも」と相方ともども拉致《らち》されてしまった。

　互いの誤解に気がつくまでに、さほど時間はかからなかった。が、それからが大変。約三十分あまり私はあくまで私でありつつ同時に彼女が間違えたナントカ先生として振舞う必要があった。彼女は彼女で私の素性を探りつつナントカ先生として粗相のないように接待し続けた。

　緊迫した空気が流れる。自己紹介できればどれほど楽か。しかし私が素性を明かせば、女将が半生かけて築きあげたプライドはズタズタ。一人の偉大なるプロの人生を護《まも》ろうと私は北島マヤもかくやと演じ、解放されたときは精も根も尽き果てていた。あんな経験二度としたくない。
　それにしたって自分でいうのもなんだが私は印象に残りやすい容姿をしている。人を見分ける専門家の目をして私と混同してしまうようなナントカ先生とはいかなる御仁なのか。女将が耄碌《もうろく》していたとは思えぬ。

もともと縁のない場所だけど、やはり祇園には近づかないようにしよう。ドッペルゲンガーに遭遇して死ぬのは真っ平である。

人間四
老人

㉓イノダコーヒ　中京区堺町通三条下ル道祐町一四〇
㉔湯たく山茶くれん寺（浄土院）　上京区今出川通千本西入ル南上善寺町一七九

資本主義的な効率ばかりを追った挙句、世の中はお子様とティーンエイジャーの天下になってしまった。また、老人は老人で「老いては子に従え」式に表通りから引っ込んで出てこない。大変不健康な状況である。

が、京都は違う。この街ではジジババがまだ厳然たる力を有している。金や権力を握っているだけではない。ディテールの部分で影響力が残っているとでもいえばいいだろうか。

たとえば京都のウドンは柔らかい。コシのある讃岐《さぬき》ウドンがどんなに流行しようと、京の麵処《めんどころ》にあるウドンは永遠に柔らかいままだろう。これは老人の歯と咀嚼力《そしゃくりょく》を慮った結果である。

「スパゲティはなんぼでもアルデンテにしよし。そやけど我々の〝食〟であるウドンは柔《やら》かいままにしといてもらいまっせ！」

そんな老人たちの気概に京は支配されている。そして一事が万事、そんな老人の生理に基づいた決定が適用されているのだ。

朝の〈イノダコーヒ〉本店に行ってみるがよい。京都の〝実質〟を動かしているのは彼らだと理解できるはずだ。どんなに傍若無人なよそさんも、旧弊《きゅうへい》なものに物怖《ものお》じしないZ世代も、あそこでは借りてきた猫みたいに大人しくしているしかない。パワーを持つというのは柔らかいウドンを徹底させるだけではない。世間では好々爺婆であることを迫られる老人たちがそれぞれに様々な個性を許されるということだ。京都にはキョーレツな個性をあからさまに露呈したジジババがうろうろしている。それはときに可笑《おか》しく、ときに恐ろしい。

私の友人いわく「いままで一番怖い思い」をしたのはメロンパンを食べる老人を見たときだと断言する。病院の食堂で、いずこからともなく、しょーりしょーり……という音がする。と、どうやらそれは斜め前の老人がメロンパンを咀嚼する音だと気がついた。

「だって、そのおじいさんってば牛乳に浸して食べてたのよッ。しかも歯がなかったの。なのにしょーりしょーりって、いったいどこから音を立ててんのかしらッ！」

彼はオネエ言葉で恐怖を語った。

私が怖かったのは、近所に住んでいた【ゆっくりババァ】である。

うちの町内を含む、碁盤の目のヒトマス約五百メートル四方を二十四時間かけて散歩しているのだという噂《うわさ》が彼女にはあった。確かに、どんな早朝でも夜中でも表にいる彼女を見かけた。ゆるゆるゆるゆる、しかし決して立ち止まることなく彼女は移動する。ひょっとして撥条《ぜんまい》仕掛けのロボットかもね、などと愚妹と私は話したりしていた。が、そうではないことを妹自ら知る日がきた。ある朝、ゆっくりババァが血まみれになって転んでいるのを通学路で発見したのだ。

慌《あわ》てて駆けより助け起こすと、彼女はニッコリ笑って「へえ、おおきに。大丈夫でっさかい」と答えたという。それでも放ってはおけない。救急車を呼ぶやらなんやら大騒ぎになった。にもかかわらず翌日には額に絆創膏《ばんそうこう》を貼《は》ってゆるゆる歩くゆっくりババァの姿があったという。

元が体力なのか気力なのかは知らないけれど、彼ら彼女らは物理的なパワーも秘めている。

実家の近所に〈湯たく山茶《さん》くれん寺〉という尼寺がある。屋根の上に楽家の初代・長次郎作と伝わる「寒山拾得像」が置かれており、目の保養をするためにときどき伺う。その日も存分に観賞し、デジカメに画像を収めて帰ろうとしたときだ。お寺の尼さんに呼び止められた。私の胸にも届かないくらいの可愛《かわい》いおばあさんだ。三十分ほども話したろうか。では、そろそろ、と頭を下げて立ち去りかけた私の手首を尼さんが取って、ぐいと引き戻した。体重百キロを越すこの大男を軽々と……。彼女はおちょぼ口をつぼめて楚々と微笑《ほほえ》んだ。

「そない急がいでも。お茶あがって《ぶう》おいきやす」

京のジジババ話を始めると、ほんとうにキリがない。

突然、私の腕を摑《つか》んで高層工事現場上部の赤いライトを指さし「あれ、ゆーほー（UFOのことらしい）と違《ちゃ》いますやろかッ」と叫んだ女装のジーサマ（のちに高名な茶道の師匠だと判明）。目が合ったと思ったら、その場で急にデングリガエリをしてみせた和服姿のバーサマ（森光子だったのかもしんない）。街は怖い老人でいっぱいだ。このパワーの源は柔らかいウドンだけではあるまい。

人間 五

タクシー

75 深泥池　北区上賀茂深泥池町
76 笠トンネル　国道一六二号線 北区小野～右京区京北細野町
＊天ヶ瀬ダム　宇治市宇治金井戸

タクシーの運転手と乗客の関係は一種独特のものである。ときに和やかに会話を交わしつつも、どこか張り詰めた感じが残る。まあ、ちょっと考えてみれば当たり前のことではあるが。

客は見ず知らずの人間に無防備に体を預け、運転手もまた素性の判らぬ人間の指図のままにハンドルを握る。ドライバーが悪質でない保証はどこにもない。凶悪犯が手を挙げていないとも限らぬように。そんな不安に互いが気づかぬふりを通すことで成立しているのだから。

京都人にとってタクシーは第二の足。市内を走るタクシーの台数は平成十六年度で九千二百台を越え、人口比で約百六十人に一台の計算。全国平均の三倍以上だ。が、それだけ生活に密着していれば、それだけヤバイ運転手に、あるいは乗客に当たる確率も高いわけで、双方から様々な話を聞く。

私がいちばん「厭《いや》やなー」と思ったのは超不潔個人タクシー。通称「汚タク」。けっこう有名らしい。ありとあらゆるガラクタと塵芥《じんかい》が車内いっぱいに散らばり、その臭《にお》いは鼻から吸う息を止めてもピリピリするほど強烈だとか。

あと、眉《まゆ》を顰《ひそ》めたのが怪談好きドライバーの話。普通に愛想のよい中年男性らしいが、運転しながら「この家では心中があって以来よく出るらしい」とか「その公園のブランコは風もないのに揺れてることがある」などとガイドしてくれるのだそうだ。

制止すると礼儀正しく謝って黙ってくれるが、料金を払う段になって彼は言うらしい。

「そいでね、お客さん。霊感あるいう人がこの車に乗らはったら、必ず、助手席に青いシャツの男が座ってるて言わはんにゃけど。どないです？　お客さんは見えはります？」

さて、運転手諸氏の教えてくれる怖い乗客の話にも事欠かない。「乗せた客が消え、そのあとシートがぐっしょり」という全国区のタクシー怪談発祥の地が〈深泥池《みどろがいけ》〉であるように、京都のドライバーは基本的に語り部として大変に優秀なのだと思う。

最近聞いたなかでは〈笠トンネル〉の噂などが新定番化しそうな気がした。それは市内側入口公衆電話の前で突然にエンコするところから始まる。携帯も急に圏外になり、車を出るとボックスからベルが鳴り響く。トンネルの向こうのラーメン屋を思い出して走ってゆき顚末《てんまつ》を話したところ店のオヤジは「しょっちゅうや。電話に出んで正解」と笑った。――というもの。

内容的に新味はないけれど、幽霊がより積極的で車の窓に張り付いたり屋根をどんどん叩《たた》いたりする〈天ヶ瀬ダム〉の〝実話〟ともども三度ほど耳にしたから拡散しつつあるようだ。ともあれ京都の心霊にまつわる恐怖の媒介に彼らが一役買っていることだけは間違いなさそうである。もしかしたら運転手と客との危うい緊張感に支配されたタクシーの車内ほど、怪談に適した空間はないのかもしれぬ。

人間六 ホーさん

㊆瓢簞屋　東山区清水三-三一七 産寧坂

清水坂から産寧坂へと曲がってすぐの〈瓢簞屋《ひょうたんや》〉の前。彼女はその先で読経《どきょう》している僧に気づくや否《いな》や身を翻《ひるがえ》して店へ飛び込んだ。胸を押さえながら、いまだに怖ぉて怖ぉて、ちゃんと見れへんの。ただの強迫観念やて自分でも思うにゃけど……と呟《つぶや》いた。

彼女の【ホーさん】恐怖症については以前に聞いていた。ホーさんとは街角で托鉢《たくはつ》する雲水のこと。「ほーーほおーーーおぉーー」と唱えているのでホーさん。【オーさん】ともいう。京都人はときおり、ほんとうにモノを考えてるのか？　ってくらい単純だ。

彼らは禅宗の修行僧。行く雲の如《ごと》く流れる水の如く、ひと処《ところ》に留まることなく師を求めて行脚《あんぎや》することから「雲水」の名がついた。京都では民家を回って門付《かどづけ》を乞《こ》う姿がまだ各所でみられる。数人で列を組み、ときに一人で、大路小路に「ほーーほおー」の声を響かせ歩く。

なにしろ単純だから、寺社・仏像などの造立・修復のための寄付を目的として勧化《かんげ》勧進《かんじん》を求めて普通に読経する僧侶《そうりよ》たちもまた京都人はホーさんと呼ぶ。そんなわけで洛中はホーさんだらけ。恐怖症の彼女は、どこへ行くにもおっかなびっくりだ。

それは高校生のときだった。彼女は幾度もホーさんにつきまとわれたのだという。といっても物理的な被害があったわけではない。ただ、どこに赴いても背後から一日中「ほーーほおー」の唸《うな》りが追ってきて離れない。特定のメロディが脳内でリピートして止まらない《ディラン効果》というのがあるが、そんなんと違《ちや》うと彼女は主張する。室内では聞こえないのだ。

振り向いても誰もいない。ただ立ち止まると一番そばの曲がり角にどんどん声が近づいてくる気がして、慌てて逃げるの繰り返し。

たったそれだけだが、しばらく平穏な日々が続いて恐怖が薄れてきたころに同じ現象が繰り返されたせいで彼女は精神的に参ってしまった。東京に進学してようやく現象はやんだが、ホーさんが怖くて在学中ほとんど帰京しなかったという。

少なくとも産寧坂に立ったはんのは尼さんやし大丈夫や、と私は彼女の手を引いて表に出た。彼女の体験が現実か妄想かは知らない。たぶん心理学者なら思春期の漠然とした不安がどーたらこーたらと診断したりするだろう。が、私に理解できるのは彼女の恐怖の深さだけ。托鉢尼《に》の前を通り過ぎるときに私の手を握り返す指の力が、それを物語っていた。

しばらくして、彼女から葉書を受け取った。何年かぶりの便りには「結婚しました」の文字。幸せそうに微笑む彼女の脇《わき》に佇《たたず》むのは——あろうことか雲水姿の青年僧であった。いったいなにが起こったのだろう。〝愛の力〟で恐怖症が克服できたのなら喜ばしいことだが。

なんだか私は、彼女がとうとうホーさんに追いつかれてしまったのではないかという想像を、どうしても拭《ぬぐ》い去れなかった。

人間七　イケズ

なにが怖いといって、非京都人《よそさん》が最も警戒する〝京怖〟は【イケズ】ではなかろうか。それは正体不明のバケモノ、あるいは京都人の内面に潜むハイド氏みたいな怪物性として捉《とら》えられている。違うとは言い切れないが、その本質を理解していただくために、私が生まれて初めて経験した、いや認識したイケズを紹介してみよう。

京には「地蔵盆」なる習慣がある。八月二十四日に町内の子どもを集めて行われるお祭だ。この日の楽しみはおやつの配布。様々な袋菓子をばらしてアソートしたものが貰《もら》える。いろんな味が少しずつというのがサンタの長靴みたいで嬉《うれ》しかった。が、ある年これが私に回ってこなかった。

「入江さんの家はお金持ちやさかい、こんなもんいらはらしませんやろ」

にっこり笑った彼女の顔がいまも忘れられない。いつもは優しい近所のおばちゃんであった。うちは客商売なので人の出入りが多く派手だったけれど羨望《せんぼう》されるほどリッチではない。

缶々を蹴《け》りながら帰る道すがら、私は一年前の地蔵盆の記憶がなぜか鮮やかに蘇《よみがえ》ってきた。あのおばちゃん、去年の福引きのときもボクになんか言うてはった……。

割り振られた家族の人数分の引き換え券を持って挑んだ福引きで、その年、私はなんと特等と一等を当てたのであった。そのとき私に景品を渡してくれたのが、やはり彼女だった。

「こんなもんまで浚《さ》ろてかはるわ。お金持ちにならはる家は違《ちゃ》いまんなあ」

浮かれていた私はその言葉をまともに聞いていなかったけれど、ああ、あの瞬間からずっと彼女は私にイケズする機会を待っていたのだなあと悟った。ならば少なくとも私は、いくら食い意地が張っているとはいえ、いの一番におやつを受け取りに行くべきではなかったのだ。

イケズには原因がある。される側に何の非もなくても、ただの言い掛かりであっても、その発生源には必ず蟠《わだかま》りが潜む。それに気づかずにいた時点で負けなのだ。

もし、いま私が当時の私の側にいれば、その日のうちに特等を携え彼女を訪問していたに違いない。「ほんのお裾《すそ》分けでございます」と無理やり置いてきただろう。そのうえで、

「子どもの手ェからものを引っ手繰るほど困ったはるやなんて存じませんでしたわ。せっしょなこっちゃねえ。なんぞ、させてもらえることおへんやろか」

てな話を、本人にではなく近所に触れ回る。それが正しいイケズの作法である。

イケズは得体の知れぬバケモノでも二重人格のなせるワザでもない。基本的には日常生活における警告通達《イエローカード》だ。問題はイケズを発動するにあたってのジャッジが公平であるとは限らないこと。これがよそさんを、ときに奈落《ならく》の底へと突き落とす。

だが、なにより悍《おぞ》ましいのは京都人が刺激的な娯楽としてイケズを半ば愉《たの》しんでいるところかもしれない。それは日常にメリハリをつける恐怖刺激なのだ。

人間 八

自転車

78 清水谷家の椋　上京区烏丸通下長者町上ル蛤御門東入ル

京都市内の路上で一番エバっているのは自転車である。もう、我が物顔だ。洛中はサイズ的に歩いても一時間半くらいで横断できてしまう。おまけに平たいので自転車というのは非常に適した交通手段ではある。そんなわけで京都人は自転車の運転に非常に慣れている。が、「慣れている」と「長《た》けている」は違うので、しばしば鼻歌混じりの暴走自転車族に怖い目にあわされる。

とりわけ危険区域は〈御所〉の周辺。水こそ流れていないが御苑《ぎょえん》のぐるりは浅いお堀に囲まれている。音もなく背後から近づいてきた自転車をかわし、ここに落ちた経験は数しれず。

というわけで御所の近くに用があるときは多少遠回りになっても御苑内を歩くのがベストの選択だろう。ここは一面に白砂利が敷き詰めてあるので、自転車走行にはあまり向いていないのだ。だが、そんなことでメゲる京都の自転車族ではない。ばんばん御苑にも進入してくる。

御所には通称【一本道】なるものが通っている。これは、いわば自転車による踏み分け道。ケモノ道である。同じ轍《わだち》をトレースして自転車が走るうち自然に砂利が脇に掃けて地面が露出した巾《はば》五センチほどの御苑内専用道路といえよう。ソールに溝があったり革底の靴を履いているときは、ちゃっかり利用させてもらったりもする。

一本道はある種の御所名物といってもいいかもしれない。ひょっとして今日びの百鬼夜行は自転車で徘徊《はいかい》しているのではないかと思うくらい奇妙なエピソードも多い。

忘れられないもののひとつに蛤御門《はまぐりごもん》から入って梅林の方向に折れていた一本道がある。辿《たど》っていったところ、どういうわけだか道が途中にある〈白雲神社〉の中へと続いていたのだ。よほどの台数がトレースしないと一本道は生まれない。あれは、いまでも不思議である。境内はとてもじゃないが自転車に乗ったまま走れない。弁財天を祀《まつ》る小さな社の内裏を巡る白塀の西南角に聳《そび》える【清水谷家の椋《き》】の周りでも奇妙な一本道を私は見ている。一言でいえばミステリーサークル。樹の回りを二重にとり囲んでいた。誰かの悪戯《いたずら》にせよ一本道ができるまでグルグルするとなると並みの根性ではない。普通はバターになっちゃうんじゃなかろうか。やはり京都の自転車族は、どこか計り知れない。

これは人から聞いた話だが、ときおり〝行き止まり〟の一本道があるのだという。彼は乾《いぬい》御門から自転車で乗り入れ、まっすぐ東に向かっていたそうだ。ちょうど右手に御所内・飛香舎《ひぎょうしゃ》に至る朔平《さくへい》門が見えたあたりでタイヤから伝わる感触が変わった。一本道を踏み外したのかな、と振り返ると通りのど真ん中で唐突にそれは途絶えていたらしい。

完成している一本道が途中で消えるということは、何十何百人という自転車族がそこまでは漕《こ》いできておきながら、あとはハンドルを押して歩いたということだ。なぜ、そんな気になったのだろう。なにが、そんな気にさせたのだろう。彼は予定を取りやめ、そこから引き返したという。

人間九

修験道

⑦⑨聖護院　左京区聖護院中町一五
⑧⓪行者橋　東山区東大路白川北通東入ル上ル古川町

「×月×日夕刻、貴家に於《お》いて家内安全息災吉祥の御祈願を致したいと存じます」

そんな葉書が突然に届いてビックリした。ほんとうに誰か来るのか、どうしたらいいのか、京都ではよくあることなのか？――と、東京から越してきた知人に相談を受けた。道端で突然「幸せを祈らせてください」と申し込まれたことならあるが、その押し売りバージョンだろうか。

差出人には、まったく思い当たる節がないと彼女はいう。そこで次に会うとき葉書を持ってきてもらった。謎《なぞ》は考えるまでもなく氷解した。

「なんやこれ。阿闍梨《あじゃり》さんやんか。知り合いに山伏さんがいはるん違《ちゃ》う？」

彼女は「そういえば」と、ときどき比叡《ひえい》山に籠《こ》もって修行している叔父さんがいたことを思い出した。それなら大丈夫だ。あの人たちは〝趣味〟で修行をしている在野の信仰家グループ。ご祈禱《きとう》も自発的な申し出なら、法外な金銭の要求はまずない。常識的な

「お礼」さえすればいい。

密教をベースにした【山岳信仰】の修験者である点は共通しているが、阿闍梨と山伏は異なる存在である。しかし正直、一般人の目にはどちらも異様な装束の一群でしかない。高野の聖《ひじり》、念仏行者、それに虚無僧《こむそう》なども拠点の山が違うだけだと考えても差し支えはない。怖い人たちではなくとも修験者たちが近寄り難い存在なのは確かだ。寒中托鉢シーズンに山伏たちの洛中拠点〈聖護院〉などで群れをなす彼らはかなりインパクトがある。

なぜ山岳信仰を奉ずる人々が恐怖の対象になるかというと特異な装束に加え、護摩《ごま》を焚《た》いたり印を結んだりといった呪術《じゅじゅつ》的な加持祈禱を行うからだろう。また、修験者はきわめて峻厳《しゅんげん》な荒行を積んでおり、それが醸《かも》し出す威圧感のようなものも原因かもしれぬ。崖《がけ》から逆さ吊《づ》りになって問答したり、不眠不休で一日何十キロも山道を歩くのは、人の背負う罪や穢《けが》れを引き受ける行

為だという。衆生《しゅじょう》の身代わりになっているわけだ。横になって眠ることも許されないなかで山＝神と交わり、一体化してその気＝霊力を体内に蓄えてゆくのである。

たとえば件《くだん》の友人の親戚《しんせき》である比叡山の修験者のなかには《千日回峰行》なんて荒行を積む者もいる。これなどは七年がかり。延暦《えんりゃく》寺の記録では満行した者は五十人に満たない。途中放棄するときは死を選ばなければならないという。普通の感覚からすれば人間ではない。

白川に架かる〈行者橋〉で千日回峰行中の阿闍梨さんを目撃したことがある。幽霊や妖怪《ようかい》を見るより怖かった。彼らの修行内容を知っていれば幽霊や妖怪に遭遇するよりも珍しいことだと理解できるから。たぶん真の意味で「畏怖《いふ》」なる言葉を実感した最初で最後の経験だろう。

誤解を恐れず言ってしまえば人が人であることを凌駕《りょうが》しようとして自らを変質させるという点で、修験道は丑《うし》の刻参りやもののけとなった橋姫、蛇になった清姫などと同様の存在である。ならばただの人である私たちの恐怖はしごく当たり前ではないだろうか。

人間十
白足袋族

坊主、神主、室町や西陣の旦那衆、その奥方衆、お茶やお花のお師匠《っしょ》さん、日舞や長唄などの先生方、などなど。ふだんからキモノ着ているタイプの洛中住人を指して「白足袋族」なる言葉がある。実質的にミヤコを牛耳る面々は、まずこのグループ名簿に記帳されていると考えてもよろしかろう。フツーの京都人たちなら、尊敬しているかどうかはともかく、とりあえず畏れる連中だ。

なぜ私たちが彼ら彼女らを遠巻きにするかといえば、これは公人だからにほかならない。日常的に白足袋を履いているということは、いつだって正装しているということで、ということは、こちらも公人と接するように発言せねばならないし付き合わねばならない。面倒臭い。触らぬ神に祟りなしというわけだ。

この人たちに嫌われるということは、京都では社会の敵《パブリックエネミー》に指定されるのと同義語なので、ともかくも避けたほうが無難ではある。が、白足袋族との交流がないということは、すなわち社会的な信用がないに等しいがゆえ完全に無視して生きてゆくわけにもいかないところが、また、ややこしい。

つまり白足袋族とは審判《ジャッジ》なのである。世俗的・日常的な価値基準を超えて京都という特異な世界を律する。もしかしたら閻魔大王かもしんないケド。

あれは、ちょうど一九九九年も終わりに近づく十一月半ば。漠然とした不安と期待が入り混じった空気が、どこに行っても満ちていた。それは京都であっても同じで、不安から逃げようとしていたのか、期待に浮かされていたからなのか、普段にも増して私は洛中をうろうろうろうろうろしていた。

あの年は紅葉が遅くて、それでもようやく色づき始めた景色を求め嵯峨野方面へと足を向けた日、ある寺院でちょっと異様な光景と邂逅した。どこといって目的のない散歩なので、気まぐれに鳥居を潜り、山門を抜けしているうちに晩秋の陽光は早くも金色を帯びだしていた。そこはいくつもの塔頭が集まる大門跡。白壁に挟まれた白砂利敷きの通りは、まるで時代劇に出てきそうな風情である。

ふいに前方の曲がり角から大勢の人の気配がして、ひとかたまりの僧侶たちが現れた。二十数人はいただろうか、「わっ、白足袋族の集団や」と思って、私は道を譲り軽く会釈をして行き過ぎるのを待つことにした。墨染めの衣、墨染めの袈裟。俯く目の前を無言の坊さんたちが行進してゆく。そして、私は彼らの足元に釘付けだった。赤い。夕陽を浴びてそう見えるのではなかった。僧侶全員が暗く赤い色に染まった足袋を履いていた。砂埃すら起たない、きれいに掃き清められた石畳のうえを滑るように赤足袋の一群が歩いてゆく。急ぐ様子もなく、足並が揃っているわけでもなかった。ごく当たり前の歩調で、彼らはすぐに視界を通過していった。

あれはなにか宗教的な意味があったのだろうか。いろいろ調べてみたのだけれど、この宗派の僧が集団で赤い足袋を履いて祈禱や祭儀を催すなんて記載はどこにも発見できなかった。後ろ姿を見送りながら感じたあの胸騒ぎが忘れられない。

たぶん、見間違えでなければ、坊さんの足袋は濡れていた。じっとりと滲むような光沢が、それらにはあった。つまり足袋は最初から赤かったのではなく、つい先ほど、なにか赤い液体に浸されて染みついたものだった。彼らが歩いたあとに点々と赤い足跡が残されていたということはなかったから、きっと足につけていたものを液体に浸し、それを絞って履きなおしたのだろう。

いったいそれがなんだったのか。どういう目的を持っていたのか。空想はどんどん嫌な方向へ流れてゆく。ミレニアムを迎えるための特殊な〝行〟だったのだろうと自分を納得させているのだが……。フランスのどこかの地方では、村の処女たちが葡萄《ぶどう》を踏んでワイン造りをするとかいうのを聞いたことがある。まさか、そういうことではあるまい。が、もしそうなら、それはそれで充分に怖い。

やはり白足袋族というのは、なにやら一般人には窺い知れないところで、京都を動かしているのだろう。赤く濡れた足袋が、それを証明している気がしてならない。

人間 十一
果ての人々

81 堂本印象美術館　北区平野上柳町二六－三
82 龍安寺　右京区龍安寺御陵ノ下町一三

いま京都の西の果てに住んでいる。嵐山？　いやいや。いちおう洛中出身である京都人にとって西の果てといえば「観光道路」こと「きぬかけの路」である。西大路通が西の端で、そのさらに西を南北に走る、都市と山際の境界線なのだから、これほど〝果て〟に相応しいところはない。

そういう潜在意識が働くからか、この界隈を徘徊するようになって霊感ゼロにしては奇妙な経験をさせてもらった。とくに「堂本印象美術館」から〈龍安寺〉にかけては立命館大学横に当たり民家の数も僅か。街灯も少なくて夜になると愕然《がくぜん》とするほど暗い。この闇が、なにかヤバげなものを熟成しているような気がする。

近ごろは、どこに行っても街中であればコンビニには困らないが、家あたりからだと美術館のへんにある店が一番近かったりする。徒歩で約十五分。大学のキャンパス内を横切れば、ずっと明るいし真夜中でも誰なと歩いていたりするのだが、建物を迂回《うかい》したりしてどうしても時間がかかる。ので、気が急《せ》いているときは怖くても、つい、きぬかけの道を選んでしまったりする。馬鹿。

では、十五分のぬばたまの闇が見せてくれた怪異をいくつかご紹介しよう。

夜道を歩いていると背後に数人の話し声がする。ああ、立命の学生だな、と思う。私は足元を見ながら進む。なにせ街灯から街灯の間隔が長いので、影がどんどん薄くなりながら伸びてゆく。声がどんどん近づいてくる。ちょっと視線をずらすと、その集団の影が見える。声と一緒に影がさーっと私を追い抜いてゆく。けれど、それは本当に声と影だけだった。実体がなかったのだ。

一週間ほどして学習能力のない私は、また似たような状況にいた。が、こんどは勇気を出して振り向いた。ら、いた。男女五人組が。私は安心して、そのまま歩いていたのだが、そのうち彼らの会話が気になり始めた。言葉に聞こえなかったからだ。日本人丸出しの学生たちが極めて流暢《りゅうちょう》に、まったく耳に馴染みのない〝っぽさ〟すらない外国語で話し、笑い合っているのが私にはどうしても解せなかった。

あと、山側もなかなか不気味であった。まず、龍安寺から少し北までは民家もあり歩道も続いているのだが、家が途切れると歩道もなくなる。道幅を少しでも広く取るためだろうが、それにしても露骨に「こちら側を歩くな」と言っているようで気持ちが悪い。というか、樹々の重なりの向こう、街灯の光も届かない暗黒に溶けた場所をゆく何者かの立てる足音を察知したのは一度や二度ではない。

動物ならいいんだけどねー。生い茂る草を掻《か》き分ける音や枯れ枝の折れる音、移動のスピードといい、どう間違っても人間だとしか思えないんだよねー。

このへんの怪異は暗いときに限らないのが、また凄い。

龍安寺を南へちょっとゆくと、きぬかけの路の碑が建つ。その脇に細いながらも整った山道があり、好奇心で登ってゆくと林のなかに灯籠が見えた。けっこう古い。私は数枚の写真を撮った。帰宅してパソコンに流し込んでみると、灯籠の写っているものだけブレている。ので、翌日もトライしてみた。ら、なんとなく予感していた通り、かなり丁寧にカメラを構え、数も撮ったのにまたもみなピンボケだった。

だが一等厭《いや》だったのはバス停にいたおばあさんである。いつも同じキモノで龍安寺前の停留所に並んでいる。必ず列の最後尾。かなりの確率で観察できた。そして、彼女はなんだかキョロキョロしていた。筋を違えそうな速さで首を振っていた。幽霊ではないと思う。バスがきたら、ちゃんと乗り込む。

いつものコンビニに行くとき、ちょうどバスに乗車しかけていたのを見て、ああ、今日もいるなあと思い、四十分後くらいに帰ってきたら、またいた。行列の最後でキョロキョロしていた。そりゃ物理的には可能だけどさ……。と、つい立ち止まって眺めていたら、おばあさんは突然キョロキョロを止めて私を凝視した。

京と外界のあわいに住む者は、みな、人でも魔でもなく、人でも魔でもあり得る。

風景

怖いこわい

風景一

廃屋Ⅰ 屋根裏の狂女

❽❸了徳寺　上京区河原町通今出川下ル梶井町四四七
❽❹大峰寺趾　上京区新町通武者小路西入ル下ル

Madwoman in the attic――「屋根裏の狂女」という慣用句がイギリス英語にはある。どんなに理想的に見える一家でも、こっそりと隠しておきたい恥部がある。他人には窺《うかが》い知れないトラブルを抱えていたりする。

住宅街を歩いているときに廃屋を発見すると、その慣用句がふと頭をよぎる。なぜ、この家は息の根を止めてしまったのだろう。住んでいた人々はどこに行ったのだろう。様々なことを思わずにいられない。私が廃墟《はいきょ》・廃屋に魅せられる理由は、その背景にあったはずの滅びのドラマに共鳴するからに違いない。

屋号や看板を出しっぱなしのまま朽ちるにまかせているような場所はいよいよ哀《かな》しげだ。〈東寺〉の近くの弁護士事務所。嵐山《あらしやま》の端正な住宅街にあった歯医者さん。それが世間的に「先生」と呼ばれているような職業だったりするとなおさらである。盛者必衰感がしみじみと胸に迫る。

また、ごく当たり前に活気のある地域にポツリとあったりするのも怖い。

たとえば京都に帰ったとき、最も頻繁に散歩する大宮通。この観光客とは無縁の長い商店街の並びにも、まるで虫歯みたいに廃屋が紛れ込んでいる。

いつも杉板の雨戸を固く閉ざしたある家は、その二階の端が無残に壊れており廃屋であることを如実《にょじつ》に物語っている。通りから見る限りでは、どうやら納戸《なんど》か小部屋があったらしい。それこそ、そこに幽閉されていた狂女が壁を破って飛び出したように内側から外に向かって決壊しているのがなんとも奇妙だ。

大宮には北大路をちょっと越えたあたりにも、押し潰《つぶ》されたような廃町屋があって、これも私のお気に入り。屋根の前部が叩《たた》きつけられたみたいに陥没している感じが、怪獣か巨人に破壊されたみたいなので「ハルクの家」と呼んでいる。

ある日のこと私が飽かずに眺めていたら、近所に住んでいるとおぼしきオバサンが「それな、ある晩メリメリーゆうて勝手に壊れたんえ」と教えてくれた。あんな崩れ方するやなんて、古い家て怖いなあ……と彼女は眉《まゆ》を顰《ひそ》めた。きっと不安なのだろう。まして毎日のように目にすれば。だって、どう考えてもそんなの不自然だもの。

不安を煽《あお》るといえば出町〈了徳寺〉。

了徳寺といっても「大根焚《だいこだき》」で有名な右京区鳴滝の古刹《こさつ》とは別の寺院である。どちらも〈東本願寺〉系列である真宗大谷派のようなので、なんらかの関連はあるのかもしれない。が、こちらは京洛《けいらく》ど真ん中の大通りに面していながら、もう、長いことフェンスと鉄条網に囲われて荒涼とした姿を晒《さら》していた。

当山を含む一帯の土地が元伏見宮邸だったことが判《わか》っているくらいで、あまり資料は残っていない。神社とは異なり寺院は檀家《だんか》収入があるから、そう簡単に潰れたりはしないものなのだが。駐車場や住宅用地として敷地を切り崩す寺も昨今は多い。とくに街の中心部で大建築を維持してゆくのは宗教法人といえど大変なようだ。

が、了徳寺の立地はそこまで繁華街というわけでもないし、規模だって知れている。なんらかの理由でいっぺんに揃《そろ》って檀家が絶えてしまったら、そりゃあ立ち行かなくなるかもしれない。けれど、そんなことってあり得るだろうか。

むろんここのほかにも洛中にだって手入れが行き届かず廃墟と見紛《みまが》う荒れ寺はある。〈大峰寺趾〉みたいに児童公園化した場所も珍しくはない。けれど、ただただ無人のまま捨て置かれた寺院は他に思いつかない。了徳寺の前に佇《たたず》んでいると想像力が掻《か》き立てられる。いったい、どんな狂女を屋根裏に隠していたのだろうかと。

だから狂女の正体がありきたりの不動産トラブルだと知ったときは少々落胆した。土地の売買を装った、いわゆる〝地面師〟事件に巻き込まれてケチがついたらしい。だが、それもとうとう大団円を迎えたという。二〇二四年、ついに再開発計画が発表された。近くにある府立病院の入院児の家族向け滞在施設になるという話。めでたしめでたしだが「洛中最大の廃墟」が失われてしまうのは正直寂しい気もする。

そもそも京都の古い家や神社仏閣などは、そういう意味で廃屋でなくともどこかしら怪しく見える。狂女の一人や二人、こっそり平気で幽閉しておけるスペースがなんぼでもありそうだ。「京都人は美しい檻《おり》に住んでいる」といったのは哲学者のフェノロサだが、存外、そういう含みも持たせた言葉かもしれぬ。

風景二
墓池

㉟西方寺　北区西賀茂紫竹西通上ル鎮守菴町五〇

ずっと長いあいだ私は【墓池】のことが頭から離れなかった。十数年前、【血天井】の〈正伝寺〉を訪ねた帰りに偶《たま》さか発見したあの強烈な風景のことが——。

竹林を割って続く小道をしばらく歩くと、右手にゴルフ場がひらけた。フェンスの向こう、お年寄りがぽつりぽつりとプレイしている。どこまでフェアグランドが続いているのか見当もつかなかったのでちょっと不安になったが、思ったよりも早くそれは雑木林に飲み込まれていった。

そのあたりから野原にツギアテしたように猫の額ほどの野菜畑が点在する風景が現れ、それも通り過ぎると、いつしか畔道《あぜみち》は踏み分けに変わった。ヤブガラシが這《は》い回る草茫々《ぼうぼう》の坂を降りてゆきながら、私は少し後悔しはじめた。やがて藪《やぶ》のなかに崩れかけた墓石が見え隠れしだし、本格的に己の失敗を悟ったけれどビクつきながらもなぜか引き返そうとは思えなかった。

墓石が増えてゆく。ということはいつのまにか霊園に紛れ込んでしまったのか。無縁仏と呼ぶにも足りない打ち捨てられ崩れかけた碑《いしぶみ》の数々は……見捨てられた廃陵なのか。まるでカルスト台地に浮かぶ石灰岩の群れのように、それらの墓石は地面から隆起したか、雨風に洗われて露出したか、半ば天然の産物めいて見えた。

池があった。西側の山から流れてきた水が溜《た》まったものだろう。池を塞《せ》き止めているのは乱杭歯《らんぐいば》のような墓石だ。土手に墓が築かれたのではなく、あきらかに墓を土堰堤《どえんてい》代わりに使っていた。その隙間《すきま》から池の水が溢《あふ》れて砂利道を洗っている。と、そして私は気づいた。砂利の下、石畳めいて透けているのが御影石《みかげいし》だと。

道に墓が敷かれている？　そんなことが可能なのだろうか。真夏の陽射《ひざ》しが風景から現実味を奪っていた。まるで悪夢のなかを歩いているみたいだった。

いっときは終わらないかとも思えただらだら坂も、ようやくおしまいに近づいたようだ。けれど辿《たど》りついた広場の眺めはさらに想像を絶した。先ほどよりも一回り大きな池が目の前にあり、澄んだ水の底に無造作に突っ込んだように墓石が沈んでいるのだ。何本も何本も何本も。

むしろ墓地の一部が陥没して、そこが自然に池になったというほうが正解であろう。そしてそれが溢れ出さないように倒壊した墓石でダムを築いたわけだ。ここまでくると、もはや怖いとも感じなかった。「どうしよう」とすら考えられず、ただ呆然《ぼうぜん》としていた。

視界の端に二、三人の子どもを見つけて、私は一瞬びくりとした。が、どうやら生身の人間らしい。墓石に腰掛け、神妙な顔つきで墓池に釣り糸を垂れている。

いったいどんな魚が釣れるのだろう。妙に太ってたりしたら厭《いや》だな。なんとなく。――とかひとりごちながらその子たちを眺めるうち不思議なことに私にも、この風景を当たり前に受け止められる精神的余裕めいたものが湧《わ》いてきた。池を通り過ぎると左手に出口があった。門や柵《さく》はないけれど嘘《うそ》みたいに広い舗装道路になっている。狐《きつね》につままれた気分で数十メートルも進むと、白壁の寺院に出会った。〈西方寺〉とある。覗《のぞ》くと一服させてもらえそうな設《しつら》えだ。私は躊躇《ちゆうちよ》なく山門を潜《くぐ》った。【墓池】がこちらの霊廟《れいびよう》であることは、休憩所に置かれていた資料を捲《めく》っているうちに判った。読めば五山の「送り火」で「船形」をお世話されている保存会の拠点でもあり、当日は法要のための六斎念仏（空也上人《くうやしようにん》考案の「踊り念仏」から派生した祈禱《きとう》芸能）が行われてかなりの賑《にぎ》わいになるらしかった。

その墓所がどうしてあんなに荒廃しているのだろう？ 以来私にしてはずいぶん根気強く調べてはみた。が、得られた情報は墓池が京都を代表する心霊スポットのひとつだということだけ。あそこだけは「ヤバイ」「ヤバすぎる」という言葉が撒《ま》き散らされていても、どう「ヤバイ」のか、なぜ「ヤバすぎる」のかを語ったものはなかった。
二〇〇四年に帰国したおり、久しぶりに【墓池】を訪ねた。こんどは〈西方寺〉経由だったので呆気《あっけ》ないくらい簡単に見つかった。記憶どおりの池がそこにはあった。けれど水底《みなそこ》にも参道にも墓石はなく、普通の霊園風景が広がるばかり。立て看板によれば、近年、有志の檀家によって徹底的に整備されたらしい。喜ばしい。間違いなく喜ばしいことなのだ。

風景 三
古井戸

86 一和　北区紫野今宮町六九
87 観世井　上京区大宮通今出川上ル観世町一三五－一
88 梅雨の井　上京区松屋町通下長者町上ル東入ル東堀町

恐怖といってもいろいろある。なかには「無害な怖さ」「キレイな怖さ」なんてのも存在している。少し前に流行った言葉だが〝キモかわ〟〝ブスかわ〟などの仲間といえよう。社寺にせよ絵画彫刻にせよほんのり怖い風情《ふぜい》は色気の一種。〝色こわ〟だ。

京の〝色こわ〟な風景のひとつに古井戸がある。まだ釣瓶《つるべ》式、汲《く》み上げ式の古色蒼然《そうぜん》たる井戸が大路小路の片隅に残っている。それだけ地下水が豊富だった証左だろう。

私が知るなかで洛中最古の井戸は〈今宮神社〉横、名物「あぶり餅《もち》」の〈一和〉さんの店先にある。井桁《いげた》を組まずに地べたから掘り下げたもの。水面まで階段を降りて汲みにゆく竪穴《たてあな》式。

この井戸に入らせてもらうと、ほんの三メートルほど地下に潜っただけなのに外界から完全に遮断された気分になる。なにか想像もつかない〝大いなる存在〟と直面しているような、神話的体験というと大袈裟《おおげさ》だろうか。とにかく、あからさまに異界なのだ。

店のおばあちゃんは「弁天様の通り路《みち》なんや」とおっしゃる。

以前二時間ドラマの撮影班から、井戸で死体発見シーンを撮りたいという申し出があった。アホちゃうか！　と彼女は追い返したそうだが、演出家の気持ちはわからなくもない。

〈西陣中央（旧・桃薗）小学校〉内に保存される〈観世井〉もまた子どもたちの喚声に囲まれ、ひっそりと息を凝らす非現実的な空間であった。玄関正面の職員室に声をかけると気安く案内してもらえた。ここは能の観世邸跡。その鎮守稲荷社《いなりしゃ》ごと井戸は守られている。小学校だけあって事故防止のための高い鉄柵が設けられ、しっかりと施錠《せじょう》されている。

思い出すのは境内の山茶花《さざんか》。果実のように蟬《せみ》の抜け殻がびっしり付いていた。よく見れば観世井の屋根にも稲荷の祠《ほこら》にも大量に付着している。気味悪くなってソソクサと撤退した。

〝色こわ〟というには凄惨《せいさん》な印象がある場所だけれど〈梅雨の井〉も私が愛してやまない市井《しせい》の遺構である。もっとも井桁の石組も崩壊し、汲み上げるポンプも錆《さ》びついたいまは、現存する唯一《ゆいいつ》の聚楽第《じゅらくだい》の遺構といっても偲《しの》ぶよすがもない。寂寞感《せきばくかん》に染まっている。

井戸は草の生い茂る空地に面しているのだが、これは〈八雲神社〉という小社跡。地上げにあって取り壊された。梅雨の井も、すんでのところを近隣の人々によって護《まも》られた。八雲神社だけに「八重垣つくるその八重垣を」の精神で頑張られたらしい。

もはや無用の長物でしかない古井戸を埋めてしまうのは簡単だ。けれど、それを生き永らえさせるのが京都人の矜持《きょうじ》であり町衆のポテンシャルだといえよう。私は梅雨の井が、まがりなりにも姿を留めていることがとても嬉《うれ》しい。やはり少し怖くもあるが。

こんど洛中で〝色こわ〟に出会ったら、その生命力に花束をあげてください。

風景四 納札所

㊹上御霊神社(御靈神社) 上京区上御霊前通烏丸東入ル上御霊竪町 四九五

神様の死骸《しがい》が累々《るいるい》と折り重なっている……。神社の境内にある【納札所】を覗くと、いつも私はそんな感想が浮かぶ。

納札所というのは、ぶっちゃけた話が古くなったお札や御守などの捨て場所。家では処分に困るので神社さんにお願いして焼却してもらうわけだ。「困る」といっても燃えるゴミか燃えないゴミか判断できないからではない。長いことお世話になったご恩があるから破棄するにせよ他の塵芥《じんかい》と一緒くたにするのが申し訳なくて「困る」のである。ま、普通の感覚を持った人ならば。

なぜ、こんな言わずもがなを書くかといえば、私は以前、紅葉燃ゆる〈上御霊神社〉でトンでもない女性に遭遇してしまったからである。

上御霊神社といえば政争に巻き込まれ非業《ひごう》の死を遂げた人々の怨霊《おんりょう》を祀《まつ》り鎮《しず》める社だが、こちらには本殿のすぐ側《そば》のたいへん目立つ場所に納札所がある。一般的な御札類に混ざって、護摩木や千羽鶴《せんばづる》、仏具、不祝儀袋《ぶしゅうぎ》、古びた人形とか枯れた樒《しきび》、お供えの花などがギッチリみっちり詰め込まれており、なかなか凄絶な風景だ。

一度など、戒名が書かれた位牌《いはい》が棄《す》てられており、さすがに息が止まった。死者に鞭《むち》打《う》つという言葉があるけれど、いかなる心理で誰の位牌を投げ入れたのか。どんな憎しみを位牌の主に抱いていたのか。ただ邪魔っけだったからという理由だとしたらもっとコワイけど。少なくとも、その脇《わき》にあったビニール袋入りの壁土色の粉は、線香立てに溜まった灰だと信じたい。

上御霊神社は境内に一休みするための四阿《あずまや》を設けて下さっている。ここに腰掛けてぼんやり時間を過ごすのはすこぶる気持ちがよい。ことに紅葉の時期は格別だ。しかしてその日、私は鮮やかな秋の綾錦《あやにしき》よりも、離れた床机《しょうぎ》に腰掛けていた女性に横目が釘付《くぎづ》けだった。

彼女は「ふくよか」などと表現してしまうと、ほとんど皮肉に聞こえそうな体型をしていたのだが、むしろその独特なスタイルの成立過程を肉眼で観察していることに私は興奮していた。いま、視界の隅で、彼女は神社からそう遠くない〈パパジョンズ〉という有名洋菓子店の五つめのNYチーズケーキを食べ終わったところであった。

問題はここからだ。法悦の笑みを浮かべて口の周りをティッシュで拭《ぬぐ》い、〈よーじや〉

の脂《あぶら》取り紙を何枚か重ねて小鼻をぎゅっぎゅと押さえたあと、彼女はそれらを丸めて空き箱に入れクシャッと潰《つぶ》し、なんの躊躇もなく納札所に投げこんだのであった！ のしのし去りゆく彼女の後姿を眺めつつ私は納札所からその箱を拾い上げゴミかごに移した。なんとなく彼女の体型はケーキ五つのイッキ食いのせいというより、そういうことを平気でしてしまう無神経が原因ではないかと思った。こういう子は御霊神社に祀っても鎮められないような気がする。せいぜい長生きしてもらいたい。

風景五
千社札

❾⓪車折神社　右京区嵯峨朝日町二三

無垢《むく》な顔をしたなんの罪もなさそうなものが、京都という土地では裏に隠した禍々《まがまが》しい素性をふとした折にちらと覗かせたりする。たとえば【千社札】なんかもそうだ。近頃はほとんどプリクラのバリエーションみたいに扱われているが、元来あれは社寺への奉納品なのである。

江戸期以降、神仏詣《もうで》が庶民の娯楽として定着してからは参拝記念——早い話が合法的な落書き——としての意味あいが強くなったけれど、そもそも銅板で作られていた時代には自分の名前を賭《と》して一願を訴える真剣な呪術《じゅじゅつ》行為であった。

縦四寸八分、横一寸六分の一丁札であること。墨による単色刷りであること。書き込むのは自分の本名のみ。「子持ち」と呼ばれる中枠のサイズまで、正しい千社札には細かな決め事がしっかりと定められている。多色刷りや柄入りなど論外なのだ。

拝殿やお堂の天井や壁などに貼《は》られた千社札は長い年月が経過するうちに紙の白場《しろば》が腐食落剝《らくはく》し、墨刷りだけが捺印《なついん》されたように残る。これを「抜け」といい満願成就《じょうじゅ》の証《あかし》とされる。

ときおり他人の札に重ねて貼る馬鹿《ばか》がいるけど、あれは言語道断。マナーの問題というより危険だからだ。「抜け」の跡だって避けたほうが無難だが、まだ許される。重ね貼りするってことは誰かの祈りを妨げる呪詛《じゅそ》に他ならず、無意識であっても外法《げほう》を用いれば報いがある。

最近はそんな不心得者の増加で千社札を禁止する社寺も増えた。まあ、それも致し方なかろうとは思う。私の知る限りだと京都の有名どころでは〈車折《くるまざき》神社〉が摂社〈芸能神社〉をまだ開放してくださっている。

もっともここに皆が残してゆくのは憧《あこが》れのスタアたちの名前が刷られたもの。彼ら彼女らに代わってヒット祈願してゆくわけだ。神社に林立する朱《あか》い玉垣の記名を見ればわかるように、ここはアイドルから花柳界まで実に多彩な芸能人の参拝がある。だから小祠《しょうし》は札まみれ。規定外が多いのは気になるが、それでもファン心理がいじらしく微笑《ほほえ》ましい。

しかし私はここで一度えらい怖い状況を見たことがある。とある俳優の千社札に社がジャックされていたのだ。それも全《すべ》てが上重ね。ご丁寧にそれらは写真までプリントされており、いくら熱狂的でもその執念にゾッとした。これを貼った人間がストーカーでも私は驚かない。

やったのは、きっと背の低い子だったのだろう。祠の上のほうに貼られていたものは難を免れていた。が、僅《わず》かに重なって捩《よじ》れた札がくっついていたところをみると、あきらかにジャンプして他の芸能人の千社札を覆《おお》い隠そうと試みた模様……。

くだんの俳優は私がその光景を見て間もなく小さなスキャンダルがきっかけで呆気なくスクリーンから姿を消した。はっきりいって彼の場合、直接の原因は事件というより実力不足だろう。千社札に印刷されていたあの作り笑顔が忘れられなかったりする。

風景 六
廃屋Ⅱ 闇の旅籠

＊笠置観光ホテル　相楽郡笠置町 国道一六三号笠置トンネル手前右折 木津川沿
91 雲ケ畑廃屋　北区 府道六一号線岩屋橋北
＊喜撰山廃墟群　宇治市志津川東詰龍ケ壺

世に廃墟《はいきょ》・廃屋愛好家は多い。一緒にされがちだが彼らは必ずしも心霊スポッターではない。怖い体験をしたい！　幽霊を見たい！　という趣味はあまりなくて、ただそれらの場所が漂わせる無常感とか寂寞とした雰囲気を味わいたいだけなのだ。

かくいう私も、その一人。かなり廃墟・廃屋のたぐいに惹《ひ》かれる体質である。とくに煉瓦《れんが》造りの廃工場とか煙突などに弱い。あきらかに原始的な型のボイラーだのエンジンだの、使用目的不明の巨大な機械の残骸《ざんがい》とかが転がっていると胸が高鳴る。

ただ、残念ながら京都にはさほどインダストリアルな物件がない。西陣のあたりをブラついていると放置された昭和初期あたりの織物工場に出くわさないでもない。が、洛中には廃墟を廃墟のままいつまでも残しておける余裕はない。あっというまに町家ショップだ。

私が最初に見た本格的な廃墟は、すでに解体されてしまった滋賀県・雄琴近くの〈琵《び》琶《わ》湖（木の岡）レイクサイド〉。これには感動した。まだ高校生だったが、たぶんあの経験が私を廃墟に向かわせるのだろう。京都では〈笠置観光ホテル〉が比較的近い虚無をかつては漂わせていた。

ただし、ここは有名になりすぎた。マナーのなってない心霊スポッターに荒らされて──廃墟が荒らされるというのも不思議な表現だが──珍走団御用達《ごようたし》の「わくわく幽霊ランド」になってしまった。おそらく京都にある物件のなかでは、最も車でアクセスしやすいからだろう。私が最初に行ったころには大量の落書きもなかったし、人為的な破壊ではなく自然な荒廃に支配されていたのだが。廃墟に向かって「昔はよかった」と呟《つぶや》く日がこようとは。

人気が出てダメになったという点では〈雲ケ畑廃屋〉も同様。このままでは〈愛泉病院〉みたいに取り壊されるのも時間の問題である。山道の右手にポツンとある二階家だが、もはや昼間に見るぶんにはこの辺りで頻繁に起こる土砂崩れのほうがずっと怖い。ただかつてこの廃墟の側を通っていた京都バスの路線がなくなりアクセスが難しくなったので、もしかしたら昔の胡乱な雰囲気を取り戻している可能性もある。けれど、そこまでして確かめに行く気はない。

やはり、すっかりメジャーになった通称〈大原の小池邸〉なども含め、洛外の味わいある廃墟をひっそり愛《め》でることはもはや難しい。もう〈喜撰山廃墟群〉くらいにまで出かけるしかない。あのへんは幽冥界《ゆうめいかい》ギリギリの山懐《やまふところ》である。

喜撰山は小倉百人一首で「わが庵《いお》は　都のたつみ　しかぞすむ……」と詠《うた》われた場所。穴倉の中に石像の座す〈喜撰法師窟《くつ》〉や巨石信仰の対象〈伊勢講山〉など、人の〝畏《おそ》れ〟を喚起する遺構の数々。そこに古代遺跡めく放置されたダム建材（インダストリアル！）や草生《くさむ》す数々の廃墟が混ざり合って隠微なワンダーランドになっている。

廃墟・廃屋の観賞は失われた人々の営みを悼《いた》む鎮魂の作業だ。それに相応《ふさわ》しい態度で臨みたい。

風景七　鬼門

92 下鴨神社　左京区下鴨泉川町五九
93 阪急百貨店（現・京都河原町ガーデン）　下京区四条通河原町東入ル真町六八

【鬼門】が原因で死んだ人を知っている。といっても私が勝手にそう思っているだけなのだが。しかし、どうしてもそんな気がしてならない。

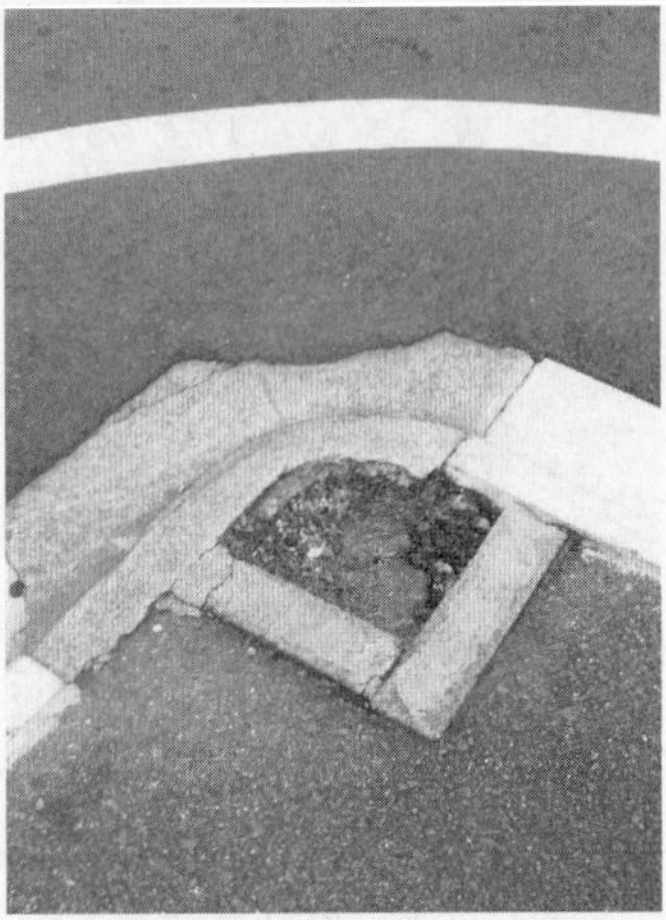

彼女とは、とある会合《オフ》で知り合った。本当に京都が好きで、京都に通ううち病膏肓《こうこう》に入りとうとう小さな町家を借りて住んでしまった子。可愛《かわい》いけど思い込みが激しい……という印象。

ときおりメールのやり取りはしていたけれど、実家からそう離れていない彼女のスィートホームにお邪魔したのは前回帰国したときが初めてだった。

チャイムを鳴らして彼女が出てくるまでに私は玄関に異様なものを発見した。盆栽？いや違う。なら箱庭かなにかか？ それとも。――嫌な予感は的中した。家の東北に当たるその部分を石で囲み白砂利を敷いたそのスペースは「鬼門封じ」なのだと彼女は笑った。毎日、お酒と盛り塩を欠かさないのだと。色褪《あ》せた御守は比叡《ひえい》山〈延暦《えんりやく》寺〉から貰《もら》ってきたもの。意味を問うと、

「だって王城鎮護に置かれた寺院でしょ。京最大の鬼門封じだっていうから」

とりあえず「ようよう調べてからにしー

や。生兵法は怪我《けが》の元やで」とだけ言って、私はソソクサと暇《いとま》を告げた。彼女の訃報《ふほう》に接したのは、ほんの数ヶ月後。共通の友人からだった。

原因は詳しく判《わか》らなかったが、あのなんちゃって鬼門封じが鮮やかに記憶に蘇《よみがえ》った。

いったい誰の言い出したアイデアかは知らないが鬼門封じとはなんであろう。鬼門は「封じ」られないから鬼門なのである。なにをしても無駄なので「ほったらかし」にしておくのが基本だ。洛中最大の鬼門といえば、これは〈下鴨神社〉の「糺《ただす》の森」。こちらなど有史以前から三万六千坪に亘《わた》って「ほったらかし」である。

いままで見たなかで完璧《かんぺき》だ！　と思った鬼門は京都〈阪急《はんきゅう》百貨店〉。地下の東北に当たる部分を、まるでブロックを抜いたみたいにポコッと欠《へ》こませてある。コンクリートで壁を塗り固めた、がらんどうの空間がただそこにある。これも小林一三翁《いちぞうおう》の教えであろうか。素晴らしい配慮だ。

だいたい鬼門という考え方は都市に応用するものであり個人宅に敷衍《ふえん》してどうこういうものではない。そもそも洛中は碁盤の目なのだから、よほどヘンテコな建てかたをしないかぎり玄関が鬼門に向かって口を開けることなどないのだ。

彼女の行為は「ほったらかし」にして素通りさせるべき鬼門からの侵入者を、あたかも〝神〟のように扱い家に籠《こ》もらせてしまったことに他ならない。なんの確証もないけれど、それが彼女の命を蝕《むしば》んだのだとすれば遣《や》り切れない。

イケズを覚悟のうえでなら京に住むのは構わない。あちこちに滲《にじ》む魔界の影にロマンを感じるのもいいだろう。けれど、それらは玩具《おもちゃ》ではない。弄《もてあそ》んではいけない。いざというとき安倍晴明が助けにきてくれるわけではないのだから。

風景 八
墓地

94大谷祖廟（東大谷祖廟）　東山区下河原通八坂鳥居前東入ル円山町
95金戒光明寺　左京区黒谷町一二一

石材店の河波忠兵衛《ちゆうべえ》さんに「お墓のない人生は、儚《はかな》い人生と申します」とローカルCMで耳にタコができるくらい教えられて育つから……というわけでもないが、京都人はお墓に妙な親近感がある。彼らにとって墓は恐ろしいものではない。墓地だって闇雲《やみくも》に怖い場所ではない。

ご先祖さんの家、ご先祖さんの住んだはるところ、といった感じだろうか。だいたい寺院があれだけあるということは、それだけ墓場もあるということ。たとえば「児童公園」とか「月極ガレージ」みたいな日常風景の一部なのである。というか墓碑の残った公園や月極駐車場も珍しくない。つまりは「あって当たり前のもの」なのだ。

だが、あまりに当たり前すぎるのもいかがなものか。ときに判断に苦しむ風景に出くわすこともある。京都には石碑が多い。「○○寺跡」だの「××院址」だのがそこら中にある。そういうものを期待して覗《のぞ》き込んだら「△△家代々之《の》墓」だったりすると、やっぱりぎょっとする。

もっともそういうのはたいがい、お骨が納められた本物ではなく石材店や墓石屋さんのサンプルだ。TVで宣伝してしまう河波忠兵衛を始め京都のそれらはハジけたところが多い。いや、むしろ小さい石材店ほどアナーキーに走る傾向がある。創作欲の赴くままに墓石芸術を爆発させている。いままで見た中で一番怖かったのは「巨大な唇」。ダリの墓にならいいかも。

しかし玄関に墓石を並べた家ってどうなのよ？　とは思う。展示スペースがなければ軒先に置きたくなるキモチは理解できる。でも、ごく普通の町家の前に林立させるのは問題があるのではなかろうか。三条大宮にある某店は、そのすべてに表札に出ているご主人の名前が彫られていて、かなり怖かった。合間に鉢植えを飾っているのは僅かでも異様さを緩和しようとしてのことかもしれない。が、はっきりいって成功しているとは

言い難い。
もっとも人間は環境の産物だから、よそさんの目には異様でも玄関に墓のある家の周りで育った子どもは平気で霊園を遊び場にするようになる。〈大谷祖廟〉や〈金戒光明寺〉など「大谷さん」「くろ谷さん」と親しまれる市民の憩《いこ》いの場所である。
このあいだ京都に帰ったときも「くろ谷さん」を訪ねた。麗《うら》らかな陽射《ひざ》しの下、赤いセーターの女の子と水色のシャツを着た男の子が追いかけっこ。文殊《もんじゅ》塔の正面、街を見下ろす長い階段の天辺《てっぺん》に腰掛けて、その長閑《のどか》な風景をしばらく楽しんだ。
その数週間後、うちのお墓詣《まい》りをしに「大谷さん」へ行ったのだが、このときにやはり走り回る赤いセーターと水色のシャツの子どもを見た。そういうときは偶然、似たような二人だなあ……と、信じることが肝心である。女の子はすばしこいといっても限度があるんじゃないか、とか、男の子はいま墓石をすり抜けなかったか、とか気づいてはいけない。

墓が日常に紛れ込んでいるということは死者が近しいってことだ。京都人は霊や魔に立ち向かえるほど豪胆ではないが、霊や魔を無視できる強さを持っている。

風景九
武信稲荷

96 武信稲荷　中京区三条大宮西入ル二筋目下ル今新在家西町

見てはいけないモノを見ている気がした。禁足地に侵入するような心地で私は境内を歩いていた。京のど真ん中に、こんなにも胡乱《うろん》な空間が残り得るものだろうか？〈武信稲荷〉は森閑として、昼日中なのに夜が凝《こご》っているようだ。ルネ・マグリットの絵だと私は思った。

マグリットの連想は非現実的な眺めのせいだけではない。あと一歩破壊が進めば立派な廃墟といって差し支えない状態でありながら、境内はきれいに掃き清められ清浄な雰囲気が漂っている。そんな、なんとも不思議な印象がシュールそのものであった。

そこここに配置された稲荷像のことごとくは欠け、崩れ、傾いている。だが、ひとつひとつには丁寧に涎《よだれ》掛けが巻かれ、捨て置かれた風情《ふぜい》ではない。葉陰から、鳥居の裏から顔を覗かせているのが妙にユーモラスだ。境内の樹木も無秩序に植えられているが、それでいて剪定《せんてい》は施されている。鳥居もひどく傷《いた》んではいるものの、ただ朽ちるにまかせているわけではなさそうだ。

古びた苑灯《えんとう》の一本が傾き、こればかりは剣呑《けんのん》なムード。阪神《はんしん》・淡路の地震があったときに被害を受けたのかもしれない。が、それにしたって十数年放置されているわけだが。なんにせよ背反しあう要素が、なぜだかしっくりと馴染《なじ》みあって共存している神社であった。

境内の奥まで進んで、最初に感じた奇妙な昏《くら》さの原因がわかった。巨大な榎《えのき》が想像を絶する高さで樹冠を広げていたのだ。平重盛《しげもり》が安芸《あき》宮島の〈厳島《いつくしま》神社〉境内から植樹したと駒札《こまふだ》が曰《いわ》くを伝えていた。ということは平安末期から数えて樹齢およそ八百五十年。

由緒《ゆいしょ》書きは語る。藤原氏の学問所〈勧学院〉の守護社として、時の右大臣藤原良相《よしすけ》によって勧請《かんじょう》されたのだと。ということは、九世紀当時から変わらずこの場所に祀《まつ》られ続けてきたわけだ。オリジナルの性格から考えて祭神が稲荷だったとは考えられないけれど。

武信稲荷は存在そのものが矛盾を孕《はら》んでいる。たとえば〈五條天神社〉や〈大将軍八神社〉など小さいながら洛中で千年以上の歴史を誇る社寺はまだある。が、それらは永らく国家事業にかかわっていたり、そもそも国策として天皇の勅願で建立《こんりゅう》されたりといった華やいだ過去を持っている。が、武信稲荷はあくまで私設の神社でありながら京洛の中心で〝聖地〟としての面目を保ってきたのだ。あり得ないことではない。しかし私は他にこんな例を知らない。

この神社の妖《あや》しい風景の源泉を探ろうと様々な本を捲《めく》ってみた。しかし来歴はわかっても得体のしれなさを説明付けられるものはなかなか出てこない。私としては、もう、ありのままにシュールリアルを愉《たの》しんでしまうべきだと結論したがっている。もっとも昨今は修繕が進んで表面的には量産型の「お稲荷さん」に見えるのだけれど。

正体のわからないものは怖い。しかし、その怖さにはしばしば魅力がある。慄《おのの》きつつも近寄らずにおれないこともある。たとえば人は「死への愛情《タナトス》」すら持ちうるのだ。武信稲荷の愉悦は彼岸を垣間見《かいまみ》るそれに似ているかもしれない。

風景十
猿は招く

97 幸神社　上京区寺町通今出川上ル西入ル幸神町三〇三
98 嵐山モンキーパークいわたやま　西京区嵐山元録山町八

小学生のころ動物園でカニクイザルに手を嚙《か》まれて以来、私は猿が怖い。哺乳類《ほにゆうるい》全般好きなので嫌っているわけではないのだが。そもそも嚙まれたのだって檻《おり》の間から無防備に手を差し入れた自分の責任なのだ。けれど、やっぱり苦手。まるで「鬼門」である。

鬼門といえば丑寅《うしとら》――北東の方角というイメージがあるけれど、それは都市における場合。鬼門はあらゆるものについて存在する。たとえば時間ならば小さい単位では【逢《おう》魔《ま》ヶ刻《とき》】といわれる黄昏《たそがれ》どき。大きな単位では五十五年周期とも百十四年周期ともされる彗星《すいせい》のごとく巡りくる、災厄年などがそう。

論理や努力の及ばぬところで、どうしても共存できないもの。それを鬼門という。これに対処するには無視が原則。すなわち「なかったこと」にするのだ。家屋の鬼門にはなにも建造物を置かずホッタラカシにしておくのが唯一《ゆいいつ》の方策とされるのはそれゆえである。だって、なにをやっても無駄なんだから。

たとえば紫宸殿《ししんでん》を囲む御所の鬼門角が抉《えぐ》れているのも「なかったこと」にしたせいである。洛中《らくちゅう》を歩けば似たような凹《へこ》みの例がいくらも見つかる。だが、ここにはちょっとユニークなものもある。その場所が「猿ヶ辻《つじ》」と呼ばれるようになった由縁であるところの御幣《ごへい》をかついだ猿の彫刻だ。築地塀《ついじべい》の庇《ひさし》の下にはめこまれ、金網に囲われている。

御所の鬼門は、オラが護る！　かかってこいバケモノどもめ！　モンキーバリアー！　的呪術《じゅじゅつ》力を期待したものではもちろんない。当たり前のように「なかったこと」パワーをさらに増幅させるための、これは装置なのであった。

猿には様々な神話的性格がある。一番に挙げられるのがその名の通り猿田彦命《さるたひこのみこと》の象徴。そして、このカミサマの役割はといえば天孫降臨の際に果たした「道案内」である。瓊《ニ》瓊杵命《ニギノミコト》の天降りを導いたとて、物事を正しい方向に進ませる指標を示す。それが猿田彦の力。

つまりこういうことだ。くだんの像は鬼門より侵入せし災厄を、むしろ先導することでちゃっちゃと通過していただくために据えられたというわけ。

装置はこれのみではない。御所御苑《ぎょえん》外郭北東に道祖神としての猿田彦を祀る〈幸神社《さいのかみのやしろ》〉がある。境内は呪術的装置満載。怪しさ満点。いつ訪れても興奮してしまうお気に入りの場所である。で、さらにその延長線上、山河襟帯《きんたい》をなす際の〈赤山禅院〉

にもまた御所のものに似た彫像が置かれている。ここまでくれば偶然とはいえまい。が、赤山禅院は〈延暦寺《えんりゃく》〉の別院であることから比叡《ひえい》山を鬼門と結びつける人は多い。あんな半分滋賀に属した山などより、むしろ注目すべきは赤山禅院と御所をはさんで対称の位置に建つ〈大田神社〉だろう。ここには猿田彦の后神・天宇受売命《アメノウズメノミコト》が祀られている。つまりこの二社でミヤコの鬼門方位の両脇をがっちり固めているのだ。

ところで、御所の猿ヶ辻を抜けて、そのまま真《ま》っ直《す》ぐ真っ直ぐゆくと私的には超鬼門といってもよさそうな岩田山の〈嵐山モンキーパーク〉に辿《たど》り着くのは洒落《しゃれ》にしても上出来である。在来の野生ニホンザルを餌付《えづ》けして、約百二十頭を放し飼いにしている。

親から聞いただけで記憶はないのだが、私はここで行方不明になりかけたらしい。まだカニクイザルに噛まれる以前、お猿さんも大好きだったころのことである。大喜びで赤いお尻《しり》を追いかけ回しているうちに姿をくらました。

落ち着きのない子どもだったので一人で勝手にどこかへ行ってしまうのは初めてではなかったけれど、さすがに場所が場所なので両親は怖かったことだろう。園の事務所にも報告して大騒ぎになったのだとか。

最終的には飼育係の人が裏山の獣道を這《は》い登ってゆく私を発見してくれたのだけれど、彼が言うには、私は私の前をゆっくりと歩く一匹の猿に導かれているようだったという。

風景十一
神仏混淆

⑲赤山禅院　左京区修学院開根坊町一八

京都は「違和感」の都市でもある。異なるふたつの性質が反発し合いながら共存している。水と油が融合してしまう。その危うさが美とも恐怖ともなる。鬱屈した闇を内包した町家が人々を惹き寄せるお洒落なカフェに変わり、エキセントリックな芸術家が古刹の庭に命を吹き込み、柔らかな京言葉はイケズの温床となる。本来、出会うはずのなかったものが、碁盤の目上に広がるこの不思議な空間で禁断の恋に墜ちる。美と恐怖が同質のエネルギーなのだと証明しようとするように。

そんな京都で、なによりも目立つ「違和感」が【神仏混淆】。もとより日本という国そのものが心理的に矛盾なくカミサマとホトケサマを同居させているわけだが、さすが千年のミヤコでは、よりあからさまに奇妙なフィールドが観察される。サンプルはよりどりみどりだけれど、どこかお勧めをと問われれば〈赤山禅院〉あたりを、まず挙げたい。〈修学院離宮〉のそばにある〈延暦寺〉の塔頭《たっちゅう》の一つだ。

どうして禅宗でないのに禅院なのだろう。本尊は泰山府君だというが、なぜ如来とか菩薩とか、そーゆーのではないのか。と、これは天台宗なる宗派を知れば、ぼんやりと理由が見えてくる。法華経を根本経典とする大乗仏教の宗派ではあるが、そのほかに密教・戒律・禅の相を持つ【四宗相承】という性格を持っている。早い話が天台宗は、神仏混淆なる現象の宗教学的な〝正しさ〟を証明した宗派なのだ。

ぐだぐだ説明しても仕方がない。とりあえず、この〝正しさ〟がいかにキョーレツなものかを理解するには訪ねるしかない。まるで宗教のミルフィーユだ。

紅葉の季節には、緑の苔に降りしきる唐紅が美しい参道を登ると、お尻を振りたてた狛犬がお出迎えしてくれる。駒札の説明書きによると本尊は、中国の赤山から勧請したもので、陰陽道の祖神だという。確か閻魔天の眷属で、道教思想では人の生死を司るカミサマのはずだが、方除《かたよ》けの神として崇敬を集めるうちに、そんなふうに変化したのだろう。境内に入るとまず目に飛び込んでくるのは梵字を刻んだ巨大な数珠型ゲート。どうやら還珠法という密教修法のための装置らしい。が、訪問者たちは「そこに山があるから」式にただただ潜る。

本堂には「皇城表鬼門」の大看板がかかり、屋根には御幣を持った猿が鎮座。これは道案内の神・猿田彦の象徴か。念仏道場らしき建物にはデコレーションみたいに草履が

垂れ下がる。延暦寺の千日回峰行における「赤山苦行」――百日の間、雲母坂を登降して献花のためにここに通う困難な修行――を修めた者たちが残していくものだろう。けれど、日本最古を謳う七福神巡りの御堂が散らばる風景は、そんな荒行の現場だとは思えぬ呑気な風情が漂うのも面白い。

発掘されたと思しきお地蔵さんたちは、みな般若心経の前掛けをつけて木立の間に間に顔を覗かせる。たぶん、かつてはこの起伏の多い境内に配置されていたのだろう五百羅漢は、ひとところに集められて苔むしている。どうして、そこまで？　というくらい恐ろしげな顔をしている。縁結びの相生社の絵馬は、なんと半陰陽の人形《ひとがた》であった。敷地の裏に回ると小川があり、頼りなげな橋を渡れば稲荷社がある。祠にはコンコン様が何体もぎゅうぎゅう詰めになっていた。

混乱こそ、混沌こそ、違和感こそが宗教という人類の麻薬の〝正しさ〟なのだと赤山禅院は語る。とにもかくにも印象的な場所だ。

ところで参道に至る一の鳥居の脇、たぶん裏手を流れていたものが暗渠《あんきょ》となっているのだろうが、その一部が露呈している箇所がある。ここに私はほかで見たことのないお地蔵さんを発見した。民家のブロック塀を欠込んで納められるような造りになっているのだが、なぜか地蔵は、その下のスペースに降ろされ、水面に接して祀られているのだった。ぽっかりと空いた本来の置き場所には三本の有刺鉄線が張られている。いかなる理由があるのかは知らないが、きっと赤山禅院に関連しているに違いないという確信めいたものが私にはある。

怖いこわい幽霊

幽霊一　船岡山

⑩船岡山　北区紫野北舟岡町四九
⑩今宮神社　北区紫野今宮町二一

西陣の子どもたちにとって、もっとも身近な自然は船岡山だった。大人の目から見れば、せいぜい巨大なブロッコリー。だが、ちびっこいのは一日中でも想像力を駆使して冒険していられた。子どもの足でも家から歩いて二十分くらいだったので、私も例外なく探検隊の一員であった。

それにしても想像力のベクトルが、もっぱら怖い方へ怖い方へと向かったのはなぜだったのだろう。私たちは飽きもせず「男が首吊《つ》りをしたというのは、あの樹《き》に違いない。枝振りが怪しい」だの「家出をして、あそこのベンチの下で一晩過ごしたどこかの子が翌朝に発見されたときは気が狂っていたらしい」だの益体《やくたい》もない噂《うわさ》を囀《さえず》りあった。

子どもは開放感を与えてくれる自然が好きだ。が、子どもといえど京都人であるからには、きっと自然というものに本能的な畏怖《いふ》を感じていたのだろう。少なくとも洛中に育った者は「大自然＝癒《いや》し」みたいな短絡思考を持っていない。

平安時代からずっと、彼らにとって自然とはすなわちヒトを拒絶する異郷である。カミサマの籠《こ》もる聖地であると同時に、バケモノの住まう魔境でもあった。DNAに刷り込まれたそんな所与感覚が船岡山を〝恐怖のテーマパーク〟に仕立て上げていた。

もっとも、ここは疫神《やくじん》・災厄神としてのオオナムチやコトシロヌシを祀る〈今宮神社〉発祥の地。千年以上前から霊的なパワースポットではあった。怨霊《おんりょう》としての織田信長を慰撫《いぶ》するため、秀吉によって廟所と定められ、のちに明治天皇によって勧請された〈建勲神社《たけいさおじんじゃ》〉もひっそり鎮座している。

しかし、子どもたちが噂すべきは、もっぱら怪談である。彼らの想像のなかでは、もう、船岡山は幽霊芋洗い状態。私が聞いただけでも、五、六ヶ所以上はあった。

有名なのは西陣署の元巡査部長、広田雅晴事件の因縁話。彼に拳銃《けんじゅう》を奪われ射殺された若いお巡りさんの霊が現われるというのだ。いまでも深夜の船岡山を警邏《けいら》するようにさ迷っているそうな。ときにはペッパー警部みたいに、夜中のカップルに注意することもあるとか（嘘《うそ》）。

ついぞ船岡山で幽霊に出会うことはなかったが、ちょいと怖いエピソードが私にはある。

当時、私は実家の三階をステューディオ式に改装して住んでいたのだが、その台所の窓から真正面に船岡山が見えた。ある晩、料理の最中にふと顔を上げると、宵闇《よいやみ》に沈むこんもりとしたシルエットの頂上付近でオレンジ色の光がちらちら瞬《また》いているのに気がついた。

誰かが夜の散歩を楽しんでいるのか、あるいはお巡りさんの霊が徘徊《はいかい》中か、と眺めていたのだがどうも様子がおかしい。ちょっと光が移動する速度が速すぎないか？　ジョギングする幽霊話なんてあったっけ？　だいたい走っているにしては動きがスムースすぎ……。

その瞬間、光点は身を翻《ひるがえ》すようにカーブを描き、こちらに向かってスゥーっと飛んできたのであった。

幽霊 二
マンション

⑩花園マンション跡地　右京区常盤東ノ町

小学生の高学年から中学にかけて、京都で最初の大型マンションに住んでいた。そこを買うという話がでたとき、私と母は見晴らしのいい部屋で暮らしたいと主張。けれど父は聞く耳持たず、東向きの三階の角部屋を契約してきてしまった。

「地震とか火事のときに安全だ」というのが彼の決定理由だったが、ぜーったいに安かったしやで！　と母と二人で憤慨していたものだ。とはいえ、それまでが窓の外は隣の塀という環境だったせいか、とりあえず比叡山が見えるというだけで開放感があった。

入居して三日目。そのマンション初の飛び降りがさっそくあった。住人ではなく外からの侵入者という話だった。オートロックなんて影も形もなかった時代である。マンションはロの字型の構造になっており、自殺した人は十階の手摺《てすり》を乗り越え中央の吹き抜けに身を投げたらしい。もちろん即死。

「そやからゆーたやろ。人間ちゅうもんはやな、高いとこに行ったら飛び降りとなるもんなんや。そやし低いとこのがええねや」と、その夜、父は得意そうだった。

マンションに幽霊の噂が広まったのは、

それから間もなくである。

ある日、私は紙飛行機を飛ばしに屋上に昇った。なにしろ京都初だから視界を遮るものはなにもない。がらんと広くて洗濯物を干すポールすら立っていなかった。住人専用だったので子どもたちの格好の遊び場である。そのときも何人かの男の子が走り回っていた。私が風向きを調べていると、先にいたうちの一人が神妙な顔で近づいてきた。

「あんな、真ん中のフキヌケんとこは行かへんほうがええで……」

なんでも、鉄柵《てっさく》の向こうに浮かんだ男がおいでおいでをするのだという。

絶対に、引っ張って落とそうとしてるんやし！　お兄ちゃん言うてたし！　と少年は真剣に主張した。うんうんと私は頷《うなず》き、自分の弟妹にもそれを伝えることを約束した。彼はニーと笑うと、遠巻きに私たちを眺めていた仲間たちのところに駆けていった。

それからも自殺騒動は何度もあった。けれどマンションの子どもが落ちたという話はついぞ聞かなかったから、たぶん吹き抜けの手摺にはなるべく近づかないようにしていたのだろう。おそらく幽霊を信じたというよりは自分たちが広めた恐怖にたいして誠実だったのである。ちいさい子どもというのは恐怖を楽しむ術《すべ》をよく知っている。

やがて京都でも大型マンションが珍しくなくなり、それでもこの都市の集合住宅にはお約束のように心霊譚《たん》がついてまわる。昔からの地元民が多いから、よそさんが固まって暮らしているというだけで先住者の不安を煽《あお》るのかもしれない。現在でもそれは変わらず、京都のマンションには幽霊が徘徊し続けている。京都人の排他性が招き寄せているのだ。

最も有名だった物件はといえば双ヶ丘《ならびおか》を望む住宅街にあった通称〈花園マンション〉であろう。マンションというよりは、せいぜい小奇麗な学生アパートといった体裁だったが、ここは人がいるころから心霊スポットとして知られていた。入居者が次から次におかしくなってしまうというのが私の学生時代の噂だった。

おそらくは、その近くにある病院が専門としていた治療科に対する偏見が母体だったのではないかと私はみている。後味が悪い。

排他性と偏見と。人間の心理の暗部からマンションの幽霊は這《は》い出してくる。私は京都人がことさらに邪悪だとは思わない。けれど噂が繁殖しやすい環境なのは確かだ。きっとこれからも幽霊物件は洛中《らくちゅう》に洛外に生まれつづけるだろう。

花園マンションはいつのまにか完全に空家になってしまい玄関は固く閉ざされた。が、それでも深夜、無人のはずなのに最上階の一部屋にだけ灯が点《とも》るという話が長いあいだか細い歌澪《うたみお》のように流れていた。現在はついに取り壊され、このあいだ通りかかったら瀟洒《しょうしゃ》な新ビルが建っていた。一階テナントには某娯楽関係のチェーン店が入っており繁《はん》盛《じょう》しているようだった。

幽霊 三

幽霊街道

＊下鴨静原大原線　左京区下鴨本通北大路～左京区大原大長瀬町
⑯御室の切り通し　右京区御室大内～北区大北山原谷

　中三のときだった。教室に入ると級友が「お前、こんなん好きやろ」と新聞の切り抜きをくれた。それは府道四〇号線で起きた幽霊騒動の記事であった。当時、私は鼻からエクトプラズムを洩《も》らすほど心霊現象にハマっていたのだ。貪《むさぼ》るように読んでいると彼が言った。

「人間の友だちがおらんにゃし、せめてオバケにでも仲ようしてもらえや」

　そう。私はイジメられっ子であった。きっとその台詞《せりふ》を言いたいがために切り抜いてきてくれたのだろうに、ごめんよ藤本君（仮名）。記事に夢中で反応が鈍くて。思えば当時の怖いものへの傾倒は、毎日のイジメに耐える代償として、より深い恐怖を求めた結果だったのかもしれない。

京都新聞は語っていた。ここ数ヶ月、「下鴨静原大原線」で幽霊の目撃報告が相次いでいること。それは女性の霊で、車めがけて突進してくること。とくに「打合橋」から「尼子谷橋」にかけて多発しており警察がパトロール強化を決定したこと。ドライバー諸氏への注意。などなど。

いますぐにでも教室から飛び出したい気持ちになったが、さて、自動車もないのにどうやって行けばいいのかわからない。藤本君（仮名）に訊《き》けば教えてくれるだろうか。などと考えてるうちに授業が始まり、オバケの友だちをつくる計画は断念せざるを得なくなった。

いまでも【幽霊街道】の話はしばしば耳にする。あいかわらず女幽霊は車めがけてタックルし続けているようだ。当時の熱が残っていれば、いやせめて四輪免許を持っていれば自ら検証に赴くのだけれど、もはやツレまでいる私の腰は重い。

だが、なによりも歩いてゆける範囲で別の【幽霊街道】を見つけてしまったもので「下鴨静原大原線」は、ちょっと色褪《あ》せてしまった感がある。知名度は低いけれど、どうやらそこがホンモノらしいことは霊感ゼロの私ですら信じられる道路だ。

〈龍安寺《りょうあん》〉の背後にあたる住吉山と御室八十八ヶ所霊場の散らばる御室大内に挟まれた、それを〈御室の切り通し〉と人はいう。延々と両側に切り立った石垣が迫り、波打つようにうねり、真《ま》っ直《す》ぐなのに見通しが全くきかない。人を不安にさせる道……。〈仁和寺〉と〈原谷苑《えん》〉をハシゴする車がひっきりなしの桜の時期を除けば、みごとに閑散としている。

ただ、ここを歩けば誰もが、あなたを追い抜いてゆく〝気配〟を感じるはずだ。一度、切り通しに何百枚という写真が落ちていたことがある。あのときは一目散に逃げ帰った。怖かったのでちゃんと確かめてないのだが、どうやらそれらは同一の若い女性を撮ったものらしかった。いったい誰が、なんの目的で、と考えることすら厭《いや》だった。

御室の切り通しのなんともいえない不安感の原因は、整備された道路でありながら、人間のためでも自動車のためでもないようなところがあるからだろう。原谷の先の火葬場は閉鎖されてしまったというのに、あの〝気配〟たちはどこへ向かっているのか。

幽霊 四
公衆トイレ

⑭岩倉児童公園（一乗寺児童公園） 左京区一乗寺御祭田町一五
⑮円山公園東南トイレ 東山区下河原通八坂鳥居前東入ル円山町
⑯拾翠亭 上京区烏丸通丸太町東入ル京都御苑堺町御門入ル左

人間はたいがい家に暮らすものだが、家というのは必ずしも人間が住むとは限らない。ふだん意識はしていないが京都人にはそういう感覚がある。なぜなら人間のために建てられたのではない「家屋」が彼らの日常を取り巻いているからだ。

まず、神や仏の住処《すみか》である社寺。延々と白壁の続く通りを実際に歩いてもらえば判《わか》るだろうが、それらはその数以上に京の風景のなかで支配的な印象を残す。〈妙心寺〉や〈八坂神社〉など広大な境内を擁する聖域ともなれば塔頭《たっちゅう》や伽藍《がらん》、拝殿や小祠《しょうし》が犇《ひし》めきあう。そのすべてが人間用でないのだと改めて考えると、ちょっと空恐ろしくなる。

社寺だけではない。京都は町内に一つ二つはお地蔵さんやお稲荷《いなり》さんのおうちがあって当たり前の土地柄である。公園の敷地内に弁天さんや天神さんが祀《まつ》られていたり、玉垣が巡らせてあるのだって珍しくない。

巷《ちまた》にありて、人ならぬ者の安息地たり得る「家屋」といえば公衆トイレだってそうだ。これはむろん京都の専売特許ではないが、ここは観光都市のせいかよその土地よりも目立ってあちこちにある。社寺に隣接したものなどデザイン的に考慮されているのか施設の一部と見紛《みまが》う和風建築だったりする。

そんな京都の公衆トイレには「出る」とされる物件がかなりある。トイレなんやから出るのは当然やん――とか駄洒落《だじゃれ》好きの京都人は自分で言って自分で笑っていたりするけれど、はっきりいって半分は怖さを紛らわせるため。残る半分は「家の体裁をしているのだから、ナニモノカが住んでいるはずだ」という潜在意識のなせるわざだろう。

最も有名な「出る」トイレといえば〈岩倉児童公園〉内のそれ。正式には〈一乗寺児童公園〉という名称である。かつて、ここで中学生リンチ事件があり、そのときに死んだ男の子の霊だというのが定説になっている。

そもそも岩倉自体が目撃報告例の多いエリア。場所は異なるが心霊スポッターに同じ通称で呼ばれている中在地町の児童公園のトイレも「出る」そうだから、いずれにせよ信憑性《しんぴょう》はわからない。ただ、夜中にここで用を足したいとは思わない淋《さび》しい場所ではある。

ひょっとしたら男の子は瀕死《ひんし》の状態で朦朧《もうろう》とトイレに向かったのかもしれない。「家屋」という〝安心の形〟を求めて……。そして、そこの住人になったのである。

そのほかにも京都には鷹峯〈源光庵《あん》〉前の公園や、吉田山麓《さんろく》の駐車場にあるトイレでの目撃談を耳にする。が、淋しいロケーションにある施設に限って幽霊が出没するわけではない。〈円山公園〉の公衆トイレにも根強い噂《うわさ》が残っている。公園内にはいくつも用を足せる場所があるけれど、出るとされているのは老舗《しにせ》料亭〈左阿彌《さあみ》〉のそばにある半地下式のものだ。

ここでは個室の下の隙間《すきま》からニュッと手が伸びた、突然に物凄《ものすご》い勢いでドアを叩《たた》かれた――しかしいずれにしても外で待っていたツレが悲鳴を聞いて駆けつけたところ誰もいなかった――という定番の他にちょっとユニークな話が伝わっている。手洗いの鏡に首を吊《つ》って死んでいる自分の姿が映るらしい。

最後にもうひとつ、京都っぽい典雅（?）な例も挙げておこう。

御所の西南、旧九条邸の茶室である古雅玲瓏《れいろう》たる数寄屋造《すきやづくり》の〈拾翠亭《しゅうすいてい》〉。ここの池の滸《ほとり》にある公衆トイレもかなり知られたスポットだ。現在は入口に板が打ち付けられて使用禁止になっている。焼身自殺があったとされているが、奇妙なことに「あそこで見た」という噂が聞かれるようになったのは使えなくなってからだったりする。

以前は、むしろ同性愛者の出会いスポットとして賑《にぎ》わっていたみたいなので、ひょっとしたら運の悪いノンケが聞いてはいけない声を聞いてしまったか。あるいは、しゃがんでいる途中に覗《のぞ》かれたとか、こじ開けられそうになったとか。それはそれでスサまじい話ではある。

幽霊五　ビルマ僧院

＊ビルマ僧院跡　八幡市八幡西高坊

「この階段は八幡宮《はちまんぐう》へ行けません」とある。では、どこに行くのか。それは【ビルマ僧院】へ続く道。かつては「血の病院」「海軍軍人病院跡」「野戦病院跡」とも呼ばれていた京都在住廃墟《はいきょ》好きの聖地。知名度のわりには、まださほど手垢《てあか》のついていない幽玄な廃墟である。

石清水八幡宮駅に隣接する京阪《けいはん》の参道ケーブル乗り場から真っ直《まっす》ぐ道なりに線路に沿って歩いて行くと、すぐ左手に山へと分け入ってゆく階段がある。コンクリート壁に張りつけられた「この階段は八幡宮へ行けません」の小さな表示。これが【ビルマ僧院】に至る道筋を示す目印。

住人であるか、もしくは商用以外で八幡市に来る人たちの目的の大半は日本三大八幡宮のひとつ〈石清水《いわしみず》八幡宮〉である。この表示は間違えないようにという参拝者への配慮だ。が、私には「ここから先へは行くな」という警告のように感じられる。

階段は途中から山道になるが、ほとんど一本道。倒木を乗り越え、崖《がけ》に肝を冷やしながら三十分ほども歩けば目の前に【ビルマ僧院】は忽然《こつぜん》と姿を現す。物理的な距離はそうでもないはずなのに、ひどく山奥にいるような心細い気持ちになる。雑草と雑木林に侵食され、ただ壁と窓枠だけが残る。天井も崩れ落ち、床も抜けている。しかしドアのない玄関からなかに入ると、中央に灌木《かんぼく》を繁《しげ》らせ、羊歯《しだ》と蔓草《つるくさ》に飾られた広間は独特のムードを湛《たた》えている。ここまで幽霊の出現が似合いそうな場所を他に知らない。

なんというか、すべての舞台装置が揃《そろ》っている。ゴシックホラーと四谷怪談、どちらの背景としても使えそうだ。ハムレットの父と『リング』の貞子《さだこ》、どちらにも似合いそうだ。あとはヒュードロドロという効果音を待つばかりって感じ。ゴミの興を削《そ》ぐものがあるとすれば、ポイ捨てされた空き缶やコンビニ袋のたぐい。ゴミの後始末もできない人間に、こういう空間を愉《たの》しめるだけの感性が発達しているとは思えない。自分の将来を考えるのが一番の恐怖体験だろうから、そっちを存分に味わったあとで訪問してもらいたい。

真剣な話、実際に傷害事件が起こっているのだ。幸い死者は出なかったそうだが、もしものことがあれば僧院の地縛霊仲間が増えるだけでなく、閉鎖解体の憂《う》き目は避けられまい。

マイナー宗派だったようだがビルマ僧院は、その名の通り仏教系宗教施設跡らしい。死霊《しりよう》が彷徨《さまよ》い出るような因縁はない。病院関係の呼び名は、戦前、近くにあった結核の隔離病棟と混同された結果だろう。もともと八幡町が観光客誘致政策の一環として開発を進めていたとも聞く。いったい、どんなのを想定していたのだろう。

廃仏毀釈《きしやく》前まで、〈石清水八幡宮〉は極めて神仏混淆色《こんこうしよく》の強い神社であった。全盛期には男山に五十近くの小社小坊が集まっていたという。ビルマ僧院が建設されたのはずっと後だろうが、そこはかとない縁《えにし》を感じる。

幽霊 六

サンリバー

⑩⑦老ノ坂トンネル　亀岡市篠町王子 国道九号線

私は基本的に感覚が鈍い。第六感なんてまず働かない。五感のなかで多少マシといえば味覚くらいだ。聴覚なんて情けないくらいの機能しか備えていない。

だから、ずっと気のせいだと思っていた。耳鳴りの一種だと信じていた。ただ人に話すと少なくとも京都人はビビる。なぜなら幻聴は〈首塚大明神〉を訪ねた日に始まったからだ。

府道一四二号線から国道九号線に入ってまもなく、「老の坂峠」バス停で降りたのは私一人。この一帯は数ある京の心霊スポットのなかでも数少ない〝ほんもの〟とされる場所。友人からも、あそこはイヤと同行拒否された。これまたヤバイらしい〈老ノ坂トンネル〉の手前、左側の藪《やぶ》に挟まれた細道。これが老ノ坂峠へ続く旧山陰道。めざす酒《しゅ》呑童子《てんどうじ》の首塚はその途中に祀られている。

余計な予備知識のせいか真昼間なのになんとも陰鬱《いんうつ》だ。貴船の神寂《かみさ》びた感じとも〈笠置観光ホテル〉あたりの荒《すさ》んだ雰囲気とも異なる。粘っこい感じ。肝試し好きもここだけは避けるというが、ほんとうに霊感体質なら一歩も動けないだろう。逆に、へいちゃらで夜中の老ノ坂を歩けるなら、どんなに怖がりたくても絶対になにも見ることはできなさそうだ。

道なりに三分も進まぬうち、目の前にバラック倉庫の列が……いや、違った。それは噂に聞く廃墟モーテル〈サンリバー〉であった。「こんな場所にあったのか」と「冗談でしょ」と「見ないふり見ないふり」という感情が同時に湧《わ》く。

ふいに、なにかが、キィ、と軋《きし》む音を聞いて私は足早にその場を去った。

しかし、なにが厭って、こんな場所が一時的にせよ機能していたことだろう。いったい、どんなカップルがどんな理由でここを逢瀬《おうせ》の場所として選んだのか。それほどまでに人目を避けねばならぬ関係とは。かつて〈サンリバー〉に集まった恋人たちの情念を考えると、ここが殺人現場だったことなど、たとえそれが噂でなかったとしても大した意味はないようにすら思える。

あまりにもサンリバーの印象が強烈で、そのあとの〈首塚大明神〉にさほど感慨はなかった。ベンチなども据えられていて、むしろ居心地よかった。ゴミ箱にはビール缶やワンカップ。酒呑童子にちなんで飲んでゆくのだろう。それが供養《くよう》になっていると感じた。

もしかして、その晩から響くようになった奇妙な音は首塚大明神のご利益《りやく》だろうか。首から上の病気に霊験《れいげん》アリとされているので、当然のように私は聴覚機能アップを願ったからだ。余計なアプリケーションが勝手にダウンロードされてしまったのかもしれない。

ドアの外でしたかと思うと、次の瞬間、窓の向こうで鳴る、あの音。

そんなに怖くはない。毎晩じゃないし、いまのところ部屋のなかで耳にしたこともないから。ただ、たったいまこれを書きながら、それがサンリバーで聞いた、あの、キィ、というなにかの軋みに似ていることに気がついてしまった。

幽霊 七

学校の怪談

＊青風端山幼稚園跡　伏見区醍醐上端山町

〈青風端山幼稚園〉。これほど長い間「ホンモノの心霊スポット」だと思い込まれていた〝なんちゃって〟物件も珍しいだろう。「あそこだけは危ないから教えられない」というマコトしやかな理由のもと、その在処《ありか》はずっと好事家《こうずか》のあいだでも秘匿《ひとく》されてきた。

ここは名称も、あくまで「醍醐《だいご》幼稚園」なる通称で語られてきた。だから限られた情報を頼りに私が探したときは、かなり苦労した。そのころは取り壊しの最中だったが、もう何年も前の話なので現在は完全に更地になっていることだろう。詳細が厳重に伏せられていたのは「個人情報に属するから」なんて道徳的な理由ではない。みんな怖がるための演出だ。まあ、心霊スポットなんてどこでもそのくらいデリケートな配慮の上に成り立っているものなのだけど。

青風端山幼稚園が都市伝説化した第一要因は、むろん廃園になってから二十年近くホッタラカシだったせいである。おまけに【学校の怪談】には欠かせないアイテムであるピアノが教室に放置されていたというから、そりゃもう心霊スポッターのココロを鷲掴《わしづか》みだったろう。誰もいない音楽室でピアノの音がなる――幽霊話定番中の定番だ。この噂がない学校のほうが珍しい。

そもそも日本全国学校に怪談はつきもの。それぞれの時代を反映させつつ、はるか昔から様々なオバケは校舎を彷徨い続けている。

妹が通っていた女子中も例外ではなかった。いろいろ聞いたがサワさんの噂が面白かった。

イジメの対象でもないのにサワさんは友達を作らない少女だった。いつも一人で登下校。誰も彼女の家を見たことがない。ある日、同級生が後をつけたが、いつの間にか見失ってしまったという。そこで、サワさんは「実は存在していない説」が流れた。

実はその正体は白蛇の化身で、卒業式の日に龍《りゅう》になって空に帰って行くらしい。その証拠に、もう背中に鱗《うろこ》が三枚生えている。体操服に着替えているとき私は見た。私も見た。……みんな嘘《うそ》だと理解しつつも噂せずにはおれない。そんな感じだった。

それにしても京都らしい学校の怪談といえよう。いまどき白蛇だの龍だのがネタになるのも珍しい。もっとも、それは中学校だったから。高校、大学と進むにつれありきたりな幽霊話が中心になってゆく。よそさんの混入率も増えるから仕方がない。

京都の学校は、しばしば廃寺の跡地や寺院が切り売りした敷地に建っている。元が墓地である可能性も高い。洛中だと掘れば必ず遺跡が出てくるので、なかなか新改築ができない。曰《いわ》く因縁はあるわ老朽化するわで、そりゃあ幽霊くらい現れるだろう。が、それらに新味はない。

上《カミ》のほうにある某仏教系の大学などはつとに「出る」ことで知られており、警備員の日誌には細かに目撃譚《たん》が記されているという。青風端山幼稚園よりはマジっぽい。読んでみたい気はする。が、サワさんの話ほど興味深いものがあるかどうかは疑問だ。

幽霊八　怪談

⑩⑧みなとや幽霊子育飴本舗　東山区松原通大和大路東入ル轆轤町八〇

もっとも有名な京都産の【怪談】といえばやはり『飴《あめ》を買う幽霊』だろう。死んだ妊婦が墓のなかで出産し、その赤ん坊を育てるために夜毎《よごと》お乳代りの飴を求めに現れた亡霊は、名前こそ定かにあらねどお菊やお岩並みに知られたセレブ・ゴーストである。

もっとも死者が棺桶《かんおけ》で子どもを育てるという物語は全国にある。京都の府下にも船井郡に同様の子育飴譚が伝わっているし、四国の高松や三重県の桑名市、果ては沖縄の読谷村《よみたんそん》にまで似た話がある。そもそもこの幽霊を全国区にした小泉八雲の怪談からして舞台は松江なのだ。

では、なぜこれが京都産として広く認識されているのかといえば、その飴が実際に売られているからに他ならない。論理的とは言い難いが、〈みなとや幽霊子育飴本舗（旧名、木村茶舗）〉の存在より説得力のある根拠は、他の場所にはあるまい。

そもそも怪談は説得力が命である。それが論理性や、さらにはリアリティさえも超えて感情に迫るとき、人は戦慄《せんりつ》に襲われる。裏を返せば、どんなによくできた筋立てでも、説得力がなければ怪談は成立し得ない。最近のジャパン・ホラーの世界的人気は、三池崇史や清水崇といった監督たちの説得力の賜《たまもの》といえよう。

そういう意味で、私がいままでに最も戦慄した怪談は、

「怖い話の最中に背筋がゾッと寒くなったら、それは、その瞬間に霊がきているからなんだって」――である。友人がなにげなく口にしたヒトコトだったが、聞いた瞬間、産毛《うぶげ》総立ち。その言葉はものすごく腑《ふ》に落ちた。以来、怪談でゾッとするたび「あ、来てはる！」と思う。

会社員時代、仲のよい同僚やデザイン事務所の人たちを集めて、ときおり食事会みたいなことをしていた。その日も七、八人もいただろうか、なんとなく会話が怪談大会に流れていった。さして説得力のない体験談に、それでも酒の勢いを借りて盛り上がっているさなか。初参加だった新入社員の女の子が席を立って、部屋のドアを開けにいった。メンバーの半分は喫煙者だったので、きっと換気したかったのだろうと気づき、私も窓を少し開けた。

しけった空気がとろんと流れ込んでくる。風のない秋の夜であった。おりしも広告課の同期が語る微妙にどこかで聞いたような、けれど、けっこう怖い話が佳境に差し掛かっていた。ばたん。と、かなり激しくドアが閉まって、皆一斉に振り向いた。

「あ、すいませーん」と、初参加だった新入女子が明るい声をあげた。

「みなさん気にしないで下さーい。私に憑《つ》いてる人らしいんですけどぉ。怖い話が苦手みたいで怪談してると、いっつもああやって出てっちゃうんですぅ」

その晩、最初の戦慄に首を竦《すく》めながら、あれ、彼女の言う通りなら霊はもうここにいないはずなのに、どうしてゾッとするんだろう？　などと私は考えていた。

幽霊九　四辻

⑩旧東山トンネル　山科区上花山旭山町　花山洞
⑪粟田口刑場跡　山科区日ノ岡朝田町

〈旧東山トンネル〉は京都心霊スポッターにとって、京都観光客における〈清水寺〉か〈金閣寺〉に相当する幽霊たちのメッカである。一度は実物をこの目で拝んでおかずばなるまい。と、いうわけで、国道一号線すなわち五条通をずんずん東にゆけばいいというテキトーな情報だけを持って、私は東大路の交差点から歩き出した。

一時間くらいは覚悟していたが実際には三十分ほどで到着したそこは、昼間のせいかとりたてて恐ろしげな風情《ふぜい》はない。けれど、ここに至るまでの道すがら誰とも擦れ違わなかったことに、ふと気がついてしまったのは誤算だった。山岸凉子《りょうこ》の傑作短編「化野《あだしの》の…」を思い出す。あれも轟々《ごうごう》と大型車が行き交う道路端を一人歩き続ける話だった。

並列した自動車用トンネルの北側、舗装されているとはいえ鬱蒼《うっそう》とした山道をしばらく行くと歩行者用のトンネルが現われる。正式には「花山洞」という。やはり躊躇《ためら》われたが、ここで引き返しては勿体《もったい》無い。意を決して闇《やみ》に身を投じた。

暗いと感じたのは最初のうちだけ。目が慣れてくると、さほどでもない。しかし出口の明かりが見えないので気持ちが焦《あせ》る。どうしても早足になる。「駆けずの入江」の異名を持つわりには頑張ったと思うのだが、なかなか向こう側に辿《たど》り着けなかったのは心理的な作用なのだろう。帰りはもうウンザリであった。

結論はといえば、噂に聞く落ち武者も白い浴衣《ゆかた》の女も現れなかった。なぜかデジカメのシャッターが降りないとか、やたらと人の気配がするとか、いくらでも心霊的原因以外で解釈可能な居心地悪さがあったくらい。想定の範囲内という感じ。確かに夜歩くのは辛《つら》かろうが。

ああ、落書きは厭《いや》だったな。下を指した矢印に「ここですよ」と書き添えられていたり、あと「上を見よ」とか「振り向くな」とか余計なお世話。「扶美子さんのお墓」「シンちゃん、あとから追いつきます」なんてのもあった。そこまでしなくてもいいだろう。

ただ〈東山トンネル〉には霊が出現しなければおさまらない雰囲気があるのは事実だ。条件が揃いすぎている。だから人々は論理的な理由を欲しがる。上に「〈中央斎場〉があるから」という意見が目立つが、ちょっとズレている。あと、「〈粟田口《あわたぐち》刑場〉跡だから」なる説が流布《るふ》しているのには笑える。だって新宿と原宿くらい離れてるんだもん。

ちなみに〈粟田口刑場〉は平安建都以来の公式処刑場で、明治までに約一万五千余人の罪人が殺された。が、この辺りで〝出る〟という話はトンときかない。

それよりも、あとで地図を確認して驚いたのだけれど、トンネルの真上って巨大な交差点＝【四辻】なのね。しかもその道の一本の先は〈東山浄苑《じょうえん》納骨堂〉に続いているという……。古《いにし》えより【四辻】は魔界の出入口とされる。ここで本当に心霊現象が起こるのだとしたら、これが真因なのではないかと私は思う。

幽霊十 座敷童子クラブ

幽霊の寿命——寿命はないか。死んでるんだから——というか、賞味期限というか、活動期間というのはどれくらいなんだろう。「孫子の代まで祟《たた》ってやる」というのが彼ら彼女らの捨て台詞《ぜりふ》なので、おおよそ百年から百二十年といったところだろうか。
そういう意味で、しばしば京都で目撃譚が囁《ささや》かれる落ち武者の霊だの空飛ぶ晒《さら》し首だのは、まず眉唾《まゆつば》といってかまわないだろう。少なくともザンギリ頭でないと説得力がない。

説得力がないといえば幽霊がやたらと淋《さび》しい場所に出たがるのもよくわからない。それらは、すでに自分の命が尽きていることに気がついていないか、もしくは現世に未練がある死者の魂だという。だとすれば、地縛霊でもないかぎり人気《ひとけ》のない柳の木の下にあてどなく佇《たたず》むなど論外ではないだろうか。

ヤツラは淋しがり屋に違いないと私は常々考えている。けれど、その予想が確信に変わったのは、どうやら京都で最も幽霊との遭遇率が高い場所が某クラブらしいと知ってからである。

もちろんクラブといっても踊るほうのクラブ。有名な老舗《しにせ》で、ＤＪやゲストも一流。営業妨害になっても困るので名前は挙げられないが、とにかくここは当たり前に目撃されている。ミュージシャンも客もこの店の常連なら一度や二度は見ているという。

私の情報源はかつてここでスタッフをやっていた女の子。そりゃあもう寒い話をザクザク聞かされた。狭い店内で霊が現れるのは主にステージの右端とトイレらしかった。どちらも女性だが、トイレのほうが悪質らしい。血塗《ちまみ》れだったり、個室を開けると巨大な顔がドアの巾《はば》いっぱいに広がっていたり。もっともそんなのは年に二、三度。ふだんは使用中に電気を消したり、水道の蛇口から水を迸《ほとばし》らせたりするくらい。ステージのほうは、ただぼんやり立っているだけで、ほとんど普通の人に見えるという。

「でも、微妙に輪郭がぼやけていたり、二重になっていたりするからわかる」

——のだそうだ。問題は営業が終わって片付けが済んでもグズグズ居残って消えてくれないことらしい。そのまま残して帰ってよいものかどうか鍵《かぎ》当番のときに悩んでしまうのだとか。そいつは確かに迷惑な話である。

お祓《はら》いとか除霊とかしないのかと訊《き》くと、その子いわくオーナーが「座敷童子みたいなもんだから」といって聞く耳持たず。座敷童子はトイレいっぱいに膨れたりしないと思うが、とりあえずスタッフは見て見ないふりで通すしかないのであった。

もちろん、何度目撃してもそのたびに驚かされはする。けれど大切なのは怖がらない心。怯《おび》えない態度。つまりは弱味を見せないこと。それが自分を護《まも》ってくれる。……その子の言葉は単純ではあるが真理を含んでいるように私には感じられた。

幽霊十一

幽霊画

⑪曼殊院　左京区一乗寺竹ノ内町四二
⑫革堂（行願寺）　中京区寺町通竹屋町上ル行願寺門前町一七

私が高校生ぐらいのときTVで話題になった「幽霊画騒動」がある。最初に放送されたのはお昼のワイドショウだったらしいから、この目で観《み》たのは騒ぎのあとに組まれた心霊特番かなにかだったのだろう。それは喋《しゃべ》っているレポーターの後ろにあった掛け軸に描かれた生首の、閉じていた瞼《まぶた》がカッと見開くという〝事件〟であった。

映像のリアリティは衝撃であった。後日、トリックだったと暴露されたと聞いても、あのときの高揚は去らなかった。むしろ「ほんとうに？」と思った。以来【幽霊画】という存在に強く惹《ひ》かれ続けている。

京都にある幽霊画で、最も直接的に怖いといえば〈曼殊院《まんしゅ》〉にあるもの。これも掛け軸である。幽霊が画面から抜け出してきたような「描き表装」と呼ばれるスタイルで描かれており外連味《けれんみ》たっぷり。私が観たときは年中公開していたようだが、それが夏の一時期だけになり、いまは元の持ち主に返されたという。

この経緯については様々な憶測が飛んだ。いわく〝感応〟あるいは〝共鳴〟してしまう人があとを絶たなかったからだとか。眺めているうちに、憑かれてしまった気がして見物客が半狂乱になることもしばしばだったという。つまり幽霊にではなく恐怖という波動に憑依《ひょうい》されたわけだ。無名だろうが稚拙であろうが、いかなる幽霊画もその危険性を孕《はら》んでいる。

この作品だって、円山応挙の作という噂《うわさ》を耳にしていたが、素人目《しろうとめ》にもそれは誤情報と知れた。

しかし応挙の作品を観たいのならば、それこそ美術館に行けばいい話。私は幽霊画を芸術品として観賞したいわけではない。鎮魂の行為だと考えているのだ。

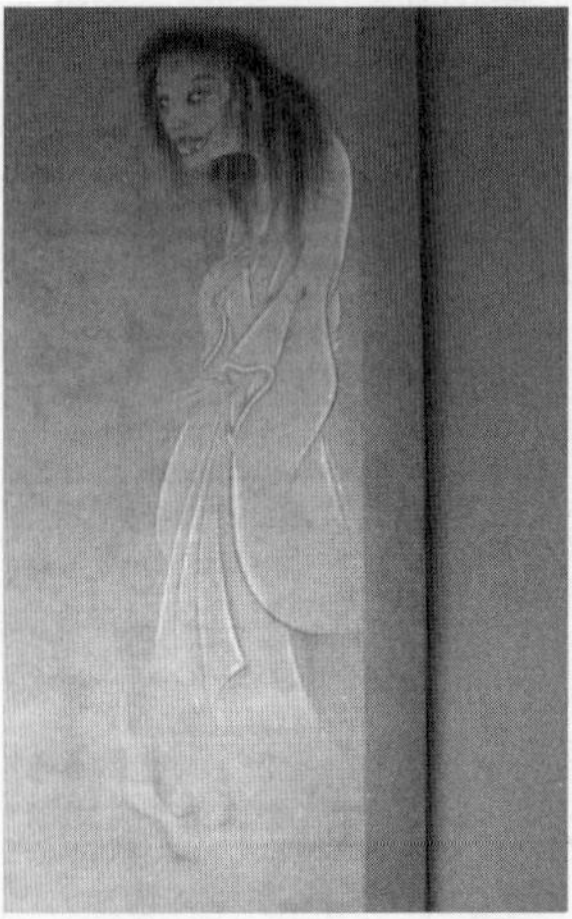

毎年お盆の二日間だけ公開される〈革《こう》堂《どう》〉の幽霊絵馬。もちろん同様のデマを聞いていたが、これも応挙の作品ではない。一メートル×三〇センチほどの杉板の右寄りに描かれた幽霊画は劣化が激しく、輪郭さえもおぼろである。ただ、絵馬の左側に

嵌《は》め込まれた手鏡の、ぬめりとした質感と相俟《あいま》ってなんともいえぬ雰囲気を漂わせている。

この幽霊絵馬に向かって手を合わせていると、此岸《しがん》に未練を残して留まる魂魄《こんぱく》たちを慰めるために描かれたことがとてもよくわかる。あまたある幽霊画は、たとえ曼殊院的な「怖がらせよう」という作為の滲《にじ》む画風であってさえも、その先にはかならず怨嗟《えんさ》の浄化がある。死者の無念を理解することで鎮《しず》める目的を持っているのだ。

古今東西の幽霊画、たぶん心霊写真も含めて二次元に閉じ込められた「人の無念」なるものは、せいぜい怖がってやるという姿勢が大切だと考えている。あまりに入り込みすぎると、それこそ精神に変調をきたしてしまうけれど。怖がれば怖がるほどに描かれた、あるいは印画された怨念《おんねん》は喜んでくれるのだから。

怖いこわい

妖怪

妖怪一　かいなで

⑬鞍馬駅　左京区鞍馬本町一九一

どういうわけだかトイレという場所は妖怪と縁が深い。人里離れた山奥や、暗い場所を好むはずの彼らが、どういうわけだかお手洗いにだけは頻繁に出現する。比較的全国区の存在としては、【青坊主《ぼうず》】（鳥山石燕《せきえん》描くそれとは異なるようだ）のほか、キばってい ると厠《かわや》の窓から覗《のぞ》く【かんばり入道】あたりが知られているだろうか。

ところでそれらの登場する民話や伝承を辿《たど》ってゆくと、いずれも妖怪というよりは神に近い性質を有している。ただ、見映えはあまりよろしくない。不浄地の神だから不気味なのか、恐ろしげな神だから不浄地を担当しているのかはわからない。けれど、その行為にはあまり悪意が感じられない。怖いけれども危害は加えないというか。

京都にも、便器から手を出して尻《しり》を撫《な》でる妖怪【かいなで】がいる。決まって節分の夜に現われるという。やることは相当にキモチ悪いが、さほど実害がないところは共通している。

【かいなで】を避けるには「赤い紙やろか？　白い紙やろか？」と唱えればよいとされる。【かんばり入道】に出くわした際も「かんばり入道ホトトギス！」と三べんリピートするという対処法があるので、やはり神性を帯びているのだろう。つまり《真言》で縛す（縛せる）わけだから。

面白いのは、のちにこの真言が、妖怪でも神でもかまわないけれどともかく怪異側の設問へと変遷《へんせん》してゆくところだ。この同じ台詞《せりふ》──地域によっては白ではなく「青い紙」の場合もあるけれど──がトイレに潜むナニモノかによって発せられ、間違った解答（赤い紙）をすると殺されてしまうという「学校の怪談」として子どもたちの間に広く流布《るふ》している。

大正時代から噂《うわさ》されはじめたとされる〝トイレに潜む何者か〟の代名詞【赤マント】。こいつの原型が【かいなで】であるのは間違いない。いや、それどころか【赤いチャンチャンコ】【チャンチャカお婆】【紫ババア】、そして【カシマレイコ】や【花子さん】等々、みなこの系譜と考えてもいいだろう。ただ、長閑《のどか》な【かいなで】に比べ、それらは現代に近づくにつれ属性が狂暴になってゆく。もはや妖怪というにも獰猛《どうもう》に過ぎる。神としたらトンでもない祟《たた》り神だ。世の中の殺伐とした雰囲気の反映といえば簡単だけれど、ちょっと単純というか捻《ひね》りがないというか。

ナニモノかに鋭い牙《きば》や爪《つめ》を与えてしまった責任はトイレの水洗化、洋式化にあるのかもしれない。などと私は考えてみる。便利に清潔になればなるほど本来の不浄を求めて、それらは血を欲するのではないか。

もはや京都に【かいなで】の生存が許される公共のトイレといえば〈鞍馬駅〉ちかくのそれくらいしか私も思い出せない。いまも生き残っているかは疑問だが。むろん古い個人宅にはまだ見つかるだろうが……。いったい【かいなで】とはなんなのかを知りたいならば、とりあえず底冷えの京で「ぽっとん式」の雪隠《せっちん》を跨《また》いでみるのが一番の早道なのだけど。

妖怪二　鵺

⓮鵺大明神　上京区智恵光院通丸太町下ル主税町 二条公園内
⓯毛朱一竹塚　東山区清水二
⓰神明神社　下京区東洞院通綾小路東入ル神明町

京に【鵺《ぬえ》】という妖怪がいる。平安時代末期、夜毎《よごと》に御所・清涼殿に飛来しては「ひょうひょう」と恐ろしげに啼《な》いて、ときの近衛《このえ》天皇を悩ませた。退治を命じられた源三《さん》位頼政《みよりまさ》は、みごと屋根上にたちこめる暗雲のなかのモノノケを射殺。それは頭は猿、体は狸《たぬき》、尾は蛇、手足は虎《とら》という異様な姿であった――と、『平家物語』は伝えている。

妖怪なる言葉や解釈が一般化する以前、平安時代のバケモノではあるが、鵺というのは「妖怪」に分類すべき存在だと私は思っている。少なくとも妖怪らしい印象がある。

京都人の想像力の薄暗がりで産声《うぶごえ》を上げて以来、常に作家や戯作者《げさく》に霊感をもたらしてきた。室町時代には能に謡《うた》われ、江戸時代には浄瑠璃《じょうるり》、歌舞伎《かぶき》の題材となっている。

妖怪の形態というのは大きく三種類にわかれる。それは、

A　多くは人に嫌われる動植物や昆虫、爬虫類《はちゆうるい》などを巨大化あるいはデフォルメしたもの。

B　異なる二種類以上の動植物や昆虫、爬虫類などを非合理的に継《つ》ぎ接《は》ぎしたもの。

C　道具や建築物、機械類などをデフォルメあるいは継ぎ接ぎして有機化したもの。

……だそうだ。DとしてABCの混合型を加えることは可能だけれど、あとは素材となったオリジナル要素が有するものとは違った色彩やテクスチュアを与えることで、ほとんどの妖怪、怪獣やエイリアンなどは分類できてしまうらしい。

確かにこの分類には説得力がある。人間の想像力というのは無限の空間を孕《はら》んではいる。が、だからといって全《すべ》てが見渡せるわけではない。自分たちの目で認識できる範囲

は限られている。

さて、鵺は典型的なBの型である。いっそ手抜きといいたいくらい明解。そしてちっとも怖くない。だって、もっと不気味な組み合わせあるし。近衛天皇だって、こいつの姿形を最初から知っていたらうなされたりしなかったろう。

ところが、である。この妖怪を祀《まつ》る〈鵺大明神〉なる場所は、どうしたことかひどく陰鬱《いんうつ》な気配を漂わせていたりする。がらんとだだっ広い児童公園の北辺。ひっそりと佇《たたず》む小祠《しょうし》は、頼政が鵺を射《う》ち殺した鏃《やじり》を洗ったとされる池の湖《ほとり》に建つ。

明治時代の文明開化的廃仏毀釈《きしやく》的叡智《えいち》に一度は打ち砕かれながら、池跡が発掘されるや妖怪は息を吹き返した。遺骸《いがい》が埋められたのは〈清水寺〉の側《そば》。こちらには〈毛朱一竹塚〉という石碑が残っている。また〈神明神社〉には、その鏃が奉納されていると聞く。

ほとんどユーモラスですらある形態の鵺という妖怪が、埋められて実体を失ったと同時にまたもや「ひょうひょう」と不気味な啼声をあげるようになったのは面白い。幽霊は、その正体が枯尾花だとわからないから恐ろしい。妖怪もまた同じである。鵺にまつわる遺構の数々は、枯尾花なバケモノに対して京都人が無意識に施した演出であるように私には思える。

あくまでも正体不明な部分を残していることが恐怖の条件だ。そして正体不明が現実味を帯びたとき、それは人々を不安にさせる血腥《ちなまぐさ》い臭《にお》いを発散させる。鵺に限らずヴィジュアル化されてしまった〝妖怪なる恐怖〟は誰の悪夢をも呼び起こさない。そこで人々はもう一度、それを曖昧《あいまい》な姿に戻すことで心胆寒からしめる属性を与えなおすのだ。物語を紡《つむ》ぐ者たちにとって鵺が魅力的な素材であり得たのは、この妖怪が地下に葬《ほうむ》られながら鵺大明神や毛朱一竹塚という形で禍々《まがまが》しい「リアリティある正体不明」であり続けたからだろう。京都人というのは恐怖の本質をよく理解している。だてにイケズではない。

　ささやかな祠《ほこら》を包む妙な重苦しさは、「おっかない妖怪でいてほしい」という願望みたいなものが澱《おり》となって境内に沈殿しているからである。いっそ妖怪への愛情というべきかもしれぬ。

　以前、鵺大明神を参ったとき、近所に住んでいるのだろう子どもたちが境内で遊ん

でいた。「ここヨーカイ神社なんやて」「怖いなあ怖いなあ」と、ものすごく嬉《うれ》しそうだったのを思い出す。きっと彼らの頭のなかには動物の寄せ集めなどではなく、どんなと口では説明はできないけれどモノスゴく恐ろしい妖怪が蠢《うごめ》いていたに違いない。

妖怪 三
うわん

117 大徳寺　北区紫野北大路大宮西入ル大徳寺町五三
118 西雲院　左京区黒谷町一二一

墓場に棲《す》んでいる妖怪だそうだ。白壁の向こうから突然「うわん!」と叫んで脅かす厭《いや》な性格のヤツで、すぐさまこちらも「うわん」と返してやらないと……やらないと、どうなるんだかは忘れてしまった。きっとトンでもないことになるに違いない。ちょっと怖い。

水木しげる先生の『東西妖怪図絵』だったか小学館の『世界の妖怪全百科』だったか、はたまた秋田書店の『世界怪奇スリラー全集』のなかの一冊だったかは忘れたが、初めて【うわん】の存在を知ったときは感動した。なぜならば京都人にとって、たとえ子どもであっても、きっと最もリアリティを感じられる妖怪だったからである。

　どこまでも続くような寺院の白壁。その向こう側に〝なにか〟が息を潜めている——という想像はあまりにも容易《たやす》く、そしてあり得べきことのように思えた。「うわん」はしばらくマイブーム化して、いつしか愚妹と私の合言葉となった。いまでも、ときどき「うわん」と挨拶《あいさつ》を交わす。

　幸い【うわん】に遭遇したことはまだない。が、白壁の向こうに得体の知れない喚《わめ》き声を聞いて魂消《たまげ》たことはある。場所は〈大徳寺〉。〈高桐院《こうとういん》〉裏の竹藪《たけやぶ》を隔てた漆喰塀。あちら側が墓場でないから【うわん】でもなかろうと安心したものの再びの甲高い「ギゲェーッ、キェーッ」という叫号に慌《あわ》てて「うわん！」と返し、すたこら逃げた。

　英国に住むようになってわかったけれど、どうやらあれは狐《きつね》だったらしい。ロンドンは街中でも狐が棲息《せいそく》しているのだ。その咆哮《ほうこう》は妙に人間ぽい抑揚があり、慣れたつもりでもときおりぎょっとさせられる（そして小声で「うわん」と呟《つぶや》く）。

　不思議だったのが〈西雲院〉の白壁前で体験した出来事。ここは〈真如堂《しんにょどう》〉の裏手から〈くろ谷さん（金戒光明寺）〉に向かって下がってゆく静かな古刹《こさつ》。秘密めいた未舗装道に面しており、いつも寂寞《せきばく》とした風情《ふぜい》が漂い好きな場所のひとつである。

あれは真夏の黄昏《たそがれ》どきで、私はいつものように目的のない散歩の途中だった。ところ

どころに卒塔婆《そとば》を覗かせる白壁が、すべての音を吸い込んでしまっているかのような静寂。砂利を踏む感触はあっても、その響きは聞こえず、蟬《せみ》しぐれさえも途絶え風景は森閑と白日夢めいていた。

と、突然に、わーんという耳鳴りに私は襲われた。いや、耳鳴りではなかった。それは読経《どきよう》の声。さきほどまでの音のない世界に慣れた耳には、ほとんど暴力的なまでの大音量であった。おんおん、おんおんと私を責めたてる。ようやく我に返って頭を抱えようとした刹那《せつな》、ぴたりと経文の唸《うな》りはやんだ。

冷静に考えれば、あれは〝静寂が耳に痛い〟というやつで、無音状態がつくる幻聴みたいなものだろう。けれど、それだけでは説明のつかない鼓膜の痺《しび》れを私は感じていた。

……………うわん。

妖怪 四
吉田山

⑲茂庵　左京区吉田神楽岡町八 吉田山山頂

虫たちに称《たた》えられつつ下駄《げた》の音を残して消えていったゲゲゲの鬼太郎。彼の住処《すみか》を発見した。場所は洛東《らくとう》。船岡山とともに洛中の霊山として知られる神楽岡《かぐらおか》。通称・吉田山の天辺である。

山の天辺なんていうとスゴそうだが、表通りからでも十分もあれば辿りつけてしまう。だが同時に、参道から〈吉田神社〉本殿へと続く大階段——ところどころに杉の巨木が聳《そび》えている——を数段昇っただけで深山めいた空気を感じる不思議な場所ではある。

鬼太郎ハウスは頂上広場の北寄り。風雅な大正時代の建築を改装したカフェ〈茂庵〉の隣。しかしながらこちらは茶室ではない。躙口《にじりぐち》にまで辿りつけないし(笑)。ではなんなのかと問われれば「鬼太郎ハウス」と呼ぶよりない。

もっともハウスの脇《わき》にポストはない。妖怪退治のお商売は畳まれたのかもしれない。最近、都大路を我が物顔で罷《まか》り通るバケモノどもをやっつけてもらおうと思ったのに。

残念だ。

それにしても〈吉田神社〉に鬼太郎ハウスが出現してしまったのは、ほんに面白い。なにしろ、それまで「除《よ》ける」「鎮《しず》める」で精一杯だった疫神、災厄神に対して「祓《はら》う」「清める」という方法論を前面に打ち出したのが当社である。

〈吉田神社〉といえば、すぐに【追儺《ついな》式】が思い浮かぶ。祭の主役である黄金四つ目の仮面をつけた方相氏《ほうそうし》（鬼遣《おにやら》い）が疫鬼を退散させる古式床しい形式を今に伝えている。まさに平安の都人にとっては鬼太郎と同じくらい頼もしい存在だったろう。なにしろ日本全国から式内社三千百三十二座すべてを勧請《かんじょう》して「大元宮」を擁してしまったような神社だ。どんな災厄にも適材適所。怖いところに手が届く。

そんなわけで神楽岡は綿密な神々のネットワークに護《まも》られ、恐ろしげな要素をたくさん持ちながら、その手の噂をほとんど聞かない。

ただ、頂上東辺〈竹中稲荷《いなり》〉の背後にある【御塚信仰】の名残りだけはひどく妖《あや》し気だ。伏見の大社を始め稲荷講にはつきものの岩石を御神体として祀る形式なのだが、すっかり荒廃してしまっている。異端神の古代遺跡といった感じ。ここは隠れた桜の名所だが、散華《さんげ》のころには廃墟《はいきょ》めく奇観に花びらが降りしきり歌舞伎の通し狂言一幕目、時代ものの一場面のようだ。

このあいだ訪れたときには御塚の土台になる石組みの根元がことごとく掘り返されているのを発見した。それでなくとも荒れ果てた風景が、よりいっそう凄惨《せいさん》な眺めになっている。けれど、なによりも塚の土台の下にあきらかに〝なにか〟が封じ込めてあったという事実に私は驚いていた。御塚がこんな構造になっていたとはついぞ知らなかった。ものによっては地上部がみんな取り払われて、その石室だけが露呈したものもある。

小さく虚《うつ》ろな闇《やみ》が隠していたものを持ち去るのが狼藉《ろうぜき》の目的だったのだろうか。もしかしたら、ここは稲荷講に見せかけた他の宗教だったのだろうか。あるいは、石室にいた〝なにか〟が御塚を壊して抜け出てきたのだろうか。――いよいよ鬼太郎の出番かもしれない。

妖怪 五
比叡山

＊延暦寺　滋賀県大津市坂本本町四二二〇

遊園地に行ったらお化け屋敷はマストアイテムである。たいがいは怖くないんだけれど、やっぱり覗《のぞ》かずにはいられない。お化け屋敷を楽しむコツは一も二もなく想像力。「なかに本物が混じっているかもしれない」。そう信じられるか否《いな》かですべては決まる。

現在は「ガーデンミュージアム比叡」になってしまった比叡山のお化け屋敷は、そんな想像力を肯定的に刺激してくれる非常によくできた施設であった。常に〝本物〟の噂《うわさ》があった。おそらくそれは比叡山という立地による心理的な影響でもあろう。

あそこでは、いろいろなことが起こる。起こっても不思議ではないと京都人に思われている。たとえば道路を堂々巡りさせられて街へ降りられなくなる現象が日常茶飯事だとか。お盆になると船に乗った亡者《もうじゃ》たちが山頂を目指して漕《こ》ぎ上ってゆくとか。信長の比叡山焼き討ちで殺されて埋められた僧侶《そうりょ》たちの髑髏《どくろ》がカタカタ読経するだとか……。

そもそも、この山は京都人にさほど好かれていない。〈延暦寺〉だって京の鬼門封じだなんて大嘘《おおうそ》。そもそも寺が滋賀に属してるってだけで説明不要だ。桓武《かんむ》天皇が最澄《さいちょう》に傾倒していたのは事実で、前身にあたる〈一乗止観院〉には頻繁に通っている。が、当時、朝廷は国家鎮護以外の祈禱《きとう》活動を禁止していた。鬼門云々《うんぬん》は念仏を合法化するために考え出された方便だろう。

京都人、いや少なくとも宮廷にとって、いつでも延暦寺は武力を伴う不穏分子であり続けた。白河天皇が「天下三不如意《ふにょい》」に数えたのを始め、平安以降の為政者は常に延暦寺を攻撃目標と定めてきた。なぜなら比叡山に、なんだか得体の知れないエネルギーが籠《こも》っているのは本当だからだ。今も昔も、それは変わらない。

天台宗、浄土宗、臨済宗、曹洞《そうとう》宗、浄土真宗、日蓮《にちれん》宗など、比叡山を母胎に日本仏教の中核をなす数々の思想が生まれてきた。宗教は〝人類最大の麻薬〟。ここは、いつの日も人々を捕えて離さないパワーを放射している。死者の霊でもタクシーでも、取り込んで逃がさない引力がある。桓武天皇が魅入られたのも、そのせいではないか。

きっと、比叡山そのものがある種の妖怪《ようかい》なんだと私は考えている。

あそこには【四大魔所】と呼ばれる聖地があって、そのなかのひとつ延暦寺西塔の

「狩籠《かりごめ》の丘」は最澄が魑魅魍魎《ちみもうりょう》を封印した場所だといわれる。奥比叡ドライブウェイ沿い、まず知らなければ通り過ぎてしまうような広場だ。一メートルほどの四角錐《すい》の石が三つ、正三角に配置されているだけのことなのだが……妙な獣臭さがむっと臭《にお》う。

魑魅とは山林の瘴気《しょうき》が凝《こご》ったもの。魍魎とは山川木石の精霊。私には最澄が魔性を退治したのではなく保護するために隔離したのではないかという気がしてならない。つまり有事の際の武器として。比叡山のパワーは、ここに眠れる妖怪が発散する生体エネルギーだとは考えられないか。

妖怪 六　土蜘蛛

⑫⓪東向観音寺　上京区御前通今小路西入ル上ル観音寺門前町八六三
⑫①上品蓮台寺　北区北大路千本下ル紫野十二坊町三三－一

私は【かまいたち】というやつに二度ほどヤラれたことがある。なにもしていないのに突然ぱっくり傷ができるという、あれだ。

最初は〈北野天満宮〉の脇にある〈東向観音寺〉で起こった。寺の裏の〈土蜘蛛《つちぐも》塚〉。

伴氏廟《びょう》なる碑の建った忌明塔《いみあけとう》（四十九日の喪が明けたあとに詣《まい》る石塔）や五輪塔、宝篋印塔《ほうきょういんとう》などが並ぶ場所にポツンと置かれた小さな灯籠《とうろう》の火袋。それを見に行ったときのことだ。

現在は鶏小屋みたいなケージに入れられているが、その当時は雨晒《あまざら》しだった。私はしゃがんで矯《た》めつ眇《すが》めつ。一説には朝廷に滅ぼされた先住民族を祀《まつ》った塚だという。背が低くて穴倉暮らしだったからといって土蜘蛛呼ばわりはヒドイよね……と、しんみりした気分で立ち上がったときだ。いっしょにいた友人が「どうしたん、それ」と私の背中に向かって言った。

かまいたちは大気中に生じた真空の仕業だと聞いていたが、現在では気化熱による皮膚の変性とされているようだ。いずれにせよ、なぜか痛くないのが特徴とか。それは本当だった。だが帰り道、私を見た者こそホラーだったろう。部屋でシャツを脱いだら血糊《ちのり》でぐっしょりだった。

右肩から左脇腹まで袈裟《けさ》掛けに傷はついていた。奇妙なのは、たいして深くなかったにもかかわらずの大量出血。が、痛くないので病院にも行かず。バスタオルを巻いて、うつぶせになっていた。それでも三時間ほどもすると血糊が乾いてきた。恐る恐るシャワーを浴びて確かめてみると、傷口は絹糸のように細く、きわめて浅いものであった。

二度目は〈上品蓮台寺《じょうぼんれんだいじ》〉。偶然にしても出来すぎだけれど、やっぱり〈蜘蛛塚〉を訪ねたときだった。こちらの塚は源頼光《よりみつ》に退治された土蜘蛛を埋めたと伝えられる。説話には二通りあるが、対決現場を「北野の奥」としている『源平盛衰記』が元になった遺構であろう。もうひとつの『土蜘蛛草紙』のほうは神楽岡（吉田山）が舞台になっているから。

ある夜のこと。重病で伏せる頼光のもとに土蜘蛛の化身である老僧が現れ、彼を取り殺そうとした。が、そこは酒呑童子《しゅてんどうじ》を斃《たお》した豪傑、一太刀浴びせることに成功。逃げる土蜘蛛を斃した場所だとされる。だが一説には頼光の墓だとも伝わっているのが面白い。土蜘蛛譚のバリエーションは実に豊かだ。そして正解というものもない。

墓地に聳える椋《むく》の根元、ささやかに祀られてた塚に手を合わせているときだった。胸を薄荷水で撫《な》でたような感触があって、下を向くとまさに血が滲《にじ》み出んとするところだった。面白いくらい瞬《また》く間にシャツに赤い色が広がってゆく。胸を抱えながら慌てて家路を急いだ。

またも目撃者となった友人は「土蜘蛛の祟《たた》りやで。お祓いしてもらわんと」と怖がっていたが、本人はけろりんぱとしていた。きっと痛くなかったからだろう。それに、かまいたちの正体は土蜘蛛じゃない気がしていた。私を切り裂こうとしたのは頼光の側ではないか。つまり私は――勇ましくもチビでもないが――土蜘蛛の一味とみなされ征伐されかかったわけである。南無三《なむさん》。

妖怪七 へっくんさん

122 半木の道　北区北大路橋〜北山大橋

その日は賀茂大橋の袂《たもと》から〈上賀茂神社〉まで上がり、〈大田神社〉経由で深泥池《みどろがいけ》まで足を延ばした。〈勇身八幡宮《はちまんぐう》〉だの〈深泥池貴船神社〉だの上賀茂本山の東峰裾《すそ》には細々と曰《いわ》くありげな祠《ほこら》も多く、楽しいエリアだ。冬には農家の軒先で「すぐき」が手に入る。

ついつい遠回りに遠回りを重ね、大好物の特産漬物をしこたま買い込み、また河岸に戻ったときには風景はもう、すっかり暮色に染まっていた。のろのろと北山大橋を越え、半木《なからぎ》の道にいたるころにはオリオン座が半身を覗かせた。吐く息がエクトプラズムみたいに白い。そのときだった。まるで膝《ひざ》かっくんされたように私は前につんのめった。

なにかに躓《つまず》いたのではなかった。かといって疲れただけにしては断続的に力が抜けて踏ん張れない。痛くもないし蹲《うずくま》るほどではない。けれど体重が支えられない。前進できなくはないが、ゾンビみたいな歩き方になる。友人が「どないしたんや」と眉《まゆ》を寄せた。

「なんやしらんけど【へっくんさん】に憑《つ》かれたみたいやわ」

友人は【へっくんさん】を知らなかった。それは、賀茂川河畔に出没する妖怪だ。人の足首に纏《まと》わりついて這《は》いつくばらせる。そのときのギクシャクした様子を「へっくんへっくんしている」と形容したことから【へっくんさん】あるいは【へっくん様】の名がついた。その所業は【すねこすり】や【子泣き爺】を想起させるけれど、江戸時代中期の地誌（名所案内）などに描かれた姿は狐火《きつねび》のようだ。秀吉が築いた羅城「御土居」の上をたまさか行列しているらしい。普通の人間には見えず、しばしばそこに踏み込んでトラブルとなる。

この辺りは応仁《おうにん》の乱当時、最も激しい戦いが繰り広げられた一帯である。弔う者もない野晒しが、名もなき市井《しせい》の聖《ひじり》たちによって石仏や地蔵に置き換えられ、そしてその悉《ことごと》くが秀吉によって「御土居」の礎《いしずえ》とされ、やがて人々はかつての悲劇を忘れていった。妖怪【へっくんさん】の噂が生まれたのは、そんな時代のことである。

なるほど、蔑《ないがし》ろにされた戦死者の無念が取り縋《すが》っているわけか……と、友人が不安そうに私を見る。たぶん、すぐきの匂《にお》いに惹《ひ》かれて寄ってきたのだろうと私は言った。桃山時代から、もう四百年も京都人はこの漬物を食べてきた。独特の香りは即席で彼らの郷愁を誘う。

「大丈夫、大丈夫。どうしたらええか知ってるし。こないしたら離れるんやて」

私は靴を爪先《つまさき》にひっかけ、ポーンと蹴《け》り上げた。放物線の天辺で【へっくんさん】は【へっくん火】になって、へっくんへっくんと星空に昇っていった。が、それも彼の目には映っていないらしかった。成仏《じようぶつ》したくてもできないのが【へっくんさん】だ。ちょっと弾みをつけてやれば喜んで浄化され空気中に消えてゆくのである。

——という話を、友人はいまだに信じている。どうやら説得力があったらしい。

【へっくんさん】は私のでまかせ。と、いって悪ければ〝創作〟である。

半木の道あたりが古戦場だというのは本当だ。この辺りには「出る」という話もしばしば聞く。とくに北大路橋東側の橋桁《はしげた》の下は厭《いや》な気配が澱《よど》んでいるとの噂があり、わざわざ通りに出て横断歩道を渡る人たちも多い。ここは洛中と洛外を隔てる結界だから、侵入しようとして果たせない悪い〝気〟が溜《た》まっているのだと聞いたことがある。けれど【へっくんさん】なんていうのは私が即興で考えたホラ話。以上でも以下でもない。なにが原因かはわからないが、そのとき、へっくんへっくんとしか歩けなかったのは事実だけれど、それが妖怪の仕業ではないことは確か。ところが京の各地に散らばる様々な怪異や伝説が【へっくんさん】にリアリティという命を与えてくれたらしい。妖怪が生まれやすい環境なんてものがあるとすれば、この千年のミヤコはまさしくそれにあてはまるだろう。

さて、十年前の冬の夜、賀茂川の許《ほとり》にて私の口から出まかせで誕生した妖怪【へっくんさん】だが、インターネットの掲示板でつい先日その名を発見して大笑いした。自分ですら忘れていたのに。なんと妖怪は電脳世界で生き延びていたらしい。こうなれば、すぐきと同じくらい長く愛されるモノノケに育ってほしい親心である。

妖怪八　オーブ

⑫③妖怪堂（現在は閉店）　左京区孫橋通新麩屋町東入ル大菊町一五一－一

中岡俊哉《としや》氏の『恐怖の心霊写真集』シリーズはかつて私の愛読書であった。影響を受けて、小中学時代は〝そういう場所〟を撮りまくった。成功したのは一度きり。が、それも「そう言われて、そんな気がする」レベル。三つの点が集まった図形は、なんでも人間の顔として認識できるという、いわゆる《シミュラクラ（類像）現象》の域を超えない範疇《はんちゅう》のものであった。

ただ、デジカメを使うようになってからは、かなりの数の【オーブ】を捉《とら》えてはいる。英語で球体、宝玉を意味する「orb」。肉眼では認識していなかった丸い光の粒が撮影画像に写り込んだものをそう呼ぶ。心霊現象だと信じる人も多い。が、私の場合、高感度になったというより単純に撮影枚数が増えたせいだろう。ほとんどは空気中に漂う埃《ほこり》がフラッシュや日光などに反射したものらしい。レンズに結露した小さな水滴や付着した塵《ちり》などもその原因になる。が、それらの心霊写真モドキが撮れる条件が揃《そろ》っていなくてもオーブはやはり写り込む。

いっとう派手だったのは〈伏見稲荷大社〉で撮ったもの。私の写真はすべて仕事のためのものだから、ほとんどの場面は数枚押さえるし、ときには連写する。役に立ちそうだと思えば十枚以上撮ることもざら。〈伏見稲荷大社〉のオーブは、そんな連続写真のなかの三枚。

それは、跳ね回るように画面を右から左へと移動しているみたいに見えた。単純に狐の精霊が戯《たわむ》れているのだと思えた。怖くも不気味でもなく、なんだかウキウキする写真だったのだ。

怖いというのではないが、ちょっとビビったのは〈妖怪堂〉で撮影したもの。お商売は畳まれてしまったが、ここは築百年以上の町家を改造——いや、そのまま利用した雑貨とファッションの店。古い前掛けを素材にした、すこぶる可愛《かわい》い帽子や鞄《かばん》があって気に入っていた。

撮っているとき「オーブいうんですか？　あれ、よー写りまっせ」と店長の葛城氏に言われ「ホンマにぃ？」と笑っていたらホンマであった。そういうことがあると、ちょうどその一枚のシャッターを切った直後、鴨居《かもい》に頭をぶつけて流血したのも偶然でない気がしてくる。モノノケの棲み処として残ってほしかったな。

〈妖怪堂〉では「百鬼夜行噺」と銘打って毎月八日に笑福亭純瓶《じゅんぺい》師匠の妖怪話を聴く会が開かれている（二〇〇七年当時）。なにしろ会場が会場なので、いろんな意味で迫力満点。内容は「ある古神道行者の実録ドキュメンタリー」だと思えばいいようだ。

オーブは、この様子を捉えたもののなかにもバンバンみつかるらしい。霊感ゼロの私がものしたくらいだから、きっと誰にでも撮れるはず。へんな心霊スポットにいくよりも効率がよさそうな気がする。そういう意味でも貴重なスポットだったのだ。

この経験で思ったけれど、オーブ写真というのは心霊現象というより妖怪に出くわしたというべきではないか。あれはきっとマックロクロスケとかの仲間。つまりは〝精霊〟だ。たぶん町家には漏れなくついてくる。

妖怪九　天狗

⑫浄福寺　上京区浄福寺通一条上ル上笹屋町二-六〇一

うちの近所に天狗《てんぐ》が来たことがある。

といっても直接お目もじしたわけでは、もちろんない。飛来地は〈浄福寺〉にある見事なモチノキの大木。ときは一七八八年。天明の大火にあって、いましも炎の波が西陣を飲み込まんとしたとき、鞍馬《くらま》山の烏《からす》天狗がその木に舞い降り、葉団扇《はうちわ》の颶風《ぐふう》で猛火を退けたという伝説が残っているのだ。

このあたり一帯が京の歴史上最大の火災にあって類焼を免れたのは事実で、実際、この寺の建築も享保年間（一七一六～三六）のものだ。が、実は同じ時期に鐘楼と南門を除く諸堂を焼失しての再建だったりするので、きっと火事には常日頃用心していたのが幸いしたのではないかと私は穿《うが》っている。そのラッキーを利用して天狗のご加護による火災除けのご利益を謳い人寄せしたわけだ。

浄福寺のシンボルでもある朱塗りの東門脇。モチノキの樹冠に覆われたように護法大権現の御堂は佇む。降臨した天狗や団扇の図柄が入った奉納板が掛けられて不思議な雰囲気を醸し出している。こうなるとご本尊がリアルな烏天狗像でないのが惜しいくらいである。堂宇内陣の暗がりに異形の神を幻視するのは難しくない。

それにしても天狗とはなんであろう。子供のころは普通に妖怪だと考えていた。事実「日本三大妖怪」といえば一般的には、鬼・天狗・河童《かっぱ》を指すらしい。だが、ありとあらゆる宗教と交雑し習合された結果、天狗はもはや天狗だとしかいいようのない一種一属的な存在になっている。

そもそもは天の狗《いぬ》と書くぐらいで、稲荷の狐同様、長い尾を引いて大空を駆ける流星を擬動物化したものだった。山岳信仰の山伏や修験僧への畏怖から、魔道に墜ちた僧侶であると信じられるようになり、あるいは牛若丸に剣術を教えた鞍馬山の僧正坊や愛宕山太郎坊・比良山次郎坊コンビのような「山の神」ともなった。

人を暗黒面に導くダースベイダーのごとき魔とされ、つまりは西洋の悪魔《メフィストフェレス》に似た捉えられかたもしている。件の長い鼻は屹立した男根の象徴とされることも多く、夢魔《インキュバス》的なキャラクターでもあると考えていい。後白河上皇や崇徳院など超越的なカリスマや精神力を備えた者はしばしば天狗と呼ばれる。すなわち、かなり人間に近いと解釈されているのだ。反面、怪力だけの鬼や、せいぜい尻子玉を抜く程度の河童に比べてずっと

強力な超常的パワーを有している。

『平家物語』に曰《いわ》く「人にて人ならず、鳥にて鳥ならず、犬にて犬ならず、足手は人、頭は犬、左右に羽根はえ飛び歩くもの」といった複雑怪奇《ケオティック》な性質に興味を持たれた方には『天狗はどこから来たか』（杉原たく哉／大修館書店）という名著をご紹介しておこう。ただし読むほどに正体は漠としてくるが。

小さな石がどこからともなくパラパラと降ってくる【天狗礫】。木を切り倒す音がしたので行ってみると何事もない【天狗倒し】。夜中に家屋が原因もなく震えだす【天狗揺すり】。そのほかにも【天狗火】や【天狗太鼓】といった怪光・怪音など、山登りをする人々の間では天狗の名を冠した奇妙な現象が当たり前の怪異として、よく話題に上る。そういった話を聞いていると、やはり日本人の深層心理は彼らを妖怪の一種として分類しているんだなと実感する。

私自身も【天狗礫】は経験している。愛宕山でのことだ。とりたてて怖いとは思わなかった。へー。本当にあるんだーといった感じ。あと、【天狗笑い】にも遭遇している。山奥で自分ひとりしかいないのに大勢の人の会話や高笑いが聞こえる現象だ。私の場合、場所は衣笠山でちっとも深山幽境ではないから、いわゆる〝風に乗って運ばれてくる〟ってやつだったのだろう。

内容は聴き取れなかった。ただ、耳を澄ましていると、ときおり確かに自分の名前がざわめきに混じる。やはり、なぜか怖くはなかったが聞いていてはいけないんだなということだけは理解できた。唄を歌いながら、すぐに下山した。

妖怪十
八瀬童子

友人に鬼がいる。「キックの鬼」とか「土俵の鬼」とかではなく正真正銘、鬼の子孫だ——と、本人はいう。といっても角が生えてるわけでなし虎のパンツを穿《は》いているでなし、私と同年代にしては髪が長いくらいで見た目にはむしろ特徴のない男だ。ガタイがいいわけでもない。むしろ痩身。八瀬に住む葬儀屋さんである。

もしかしたら京都人のなかには、ここでピンとくる人もいるかもしれない。そう、彼は由緒正しい【八瀬童子】の末裔《まつえい》なのである。八瀬童子とは文字通り、京都は左京区の八瀬に暮らすある一族の総称。最澄の時代、かの高僧に忠誠を誓い、命を請けて〈延暦寺〉の雑役に従事した鬼の集団があり、その子孫といわれている。また彼らは室町時代から綿々と天皇の輿丁《よてぃ》としても朝廷に奉仕してきた。

「もっとも車の世の中になってからは、もっぱら冠婚葬祭やら伝統行事のときにしか出番はないけどな。こないだなんかは、とうとう担がせてもらえへんかったし。まあ、お飾りやな。『葵祭《あおいまつり》』でも練《ね》り歩くし。そやけど八瀬童子に棺桶を運ばせることに有難味を感じる人らは多いさかいな。なんとか食うてはいけるわ」

知り合ったころ、ヤツはそんなふうに言っていた。この友人の一族が宮内庁の御用を承っているのは紛れもない事実のようだった。けれど鬼の子孫云々については眉に唾せずにはおれんなーと笑うと、ヤツは私を、ひょいとお姫様抱っこしてみせた。自慢じゃないが私は百キロ近くある。私が口も利けないでいると、ゆっくりと降ろしてくれた。そして生まれつきの力なのだと肩を竦《すく》めてみせた。

「別に担ぐだけやったら、そないに力はいらんよ。ひとりで背負わんならんわけやなし。そやけど、そやな、たまーに力がいるときもあんな。てゆうか、そういうワケアリのときによう呼ばれるねや。フツーで塩梅《あんばい》ようにいかん場合にな」

それでも最初のうちは言い渋っていたけれど、ちょくちょく会うようになって気心が知れてくると、ときには異様な現場の裏話を教えてくれるようになった。

「一番ようあるんは棺桶に入りたがらへんホトケさんやな。やっぱり執着があると素直に行きとうないみたいで、まあ、抵抗しはるわけや」

叫ぶわ、暴れるわ、走り出すわ、逃げようとするわ、大変やで。理屈が通じひんさかいな。と、当たり前の出来事ででもあるかのようにヤツは言った。そうならないように作法に則《のっと》った儀式を施して亡くなった者に死を受容させる手続きをとるのが納棺師の仕事なのだと。のちに映画『おくりびと』を観て、その様式美に感動したものだが、ようやくそのときヤツの言葉の真意が理解できた気がした。

だが、ときおりどうやっても肉体の死を納得できない魂があるらしい。そこで八瀬童子の出番となるわけだ。なにしろ千年に亘って弔いにかかわってきたスペシャリスト。様々な方法が一族には伝わっているらしい。真言を唱えたり、お札を使ったり、手足を紐で縛るにしても百種類以上あるのだそうだ。

「骨を挫《くじ》く場合でも、どこを折るか、どっから折るか、なんで折るかによって違ってくるんや。バキバキにすんのは簡単やけど浮ばれんままになったら困るやろ」

だが、とりわけ苦労するのが、怨霊になる可能性の高い死者だという。この話をするときヤツは本当に嫌そうな顔をした。第二第三の崇徳上皇が出てこんようにするのが僕らのいっちゃん大事な役目なんや。と、言いつつ溜息をついた。そやけど、あっこまで天晴れな魔物でのうても難儀なんがおるんや……。

いまでも帰国するたびにヤツとは、いっぺんはメシを食う仲を私はキープしている。が、ほどほどの距離を保つのも忘れない。

そういえば、まだ友達付き合いが始まって間もなくのころだった。「鬼てゆうたら酒呑童子が有名やけど、なんか関係あんのんか」と訊いたら「土蜘蛛と一緒にせんとい て！」とえらい剣幕で怒られた。どうやら八瀬童子たちにとって、この話題はタブーで あるらしい。もし彼らと知己《ちき》を得られた際にはご注意を。

妖怪 十一
百鬼夜行

125 高台寺　東山区高台寺下河原町五二六

陰陽雑記に云《い》ふ。器物百年を経て、化して精霊を得てより、人の心を誑《たぶら》かす。これを付喪神と号すと云へり。――中世の御伽草子《おとぎぞうし》『付喪神記』冒頭の一節だ。変化《へんげ》するのは九十九年目という説もあり、「九十九」を「つくも」と読むのはここからきている。【百鬼夜行《ひゃっきやぎょう》】というと、恐ろしい悪鬼妖魔のたぐいが群れをなしているイメージを思い浮かべがちだけれど、実際はこの「付喪神」の行列である。器物道具類に手足の生えたものが大半だ。年末の大掃除「煤《すす》払い」時に出た廃棄物が、捨てられた恨みを呑《の》んで生命を得たもののけたちだと一般的にはされている。

モノに命が宿るという感覚は、かつて日本人に共通するメンタリティであった。生きているのであれば当然のようにそれを使う側の人間との関係も濃密になる。私もモノには執着するほうなので、なんどか奇妙な偶然を経験してはいる。

たとえば私は長距離旅行の前になると必ずや帽子をうしなう。「ああ、今回は失《な》くさへんかったなあ」と思っていると飛行場で行方不明になる。これは帽子が私の身代わりになってくれたのではないかという気がしてならない。旅の不安を軽減するため無意識がわざと帽子を人身御供《ひとみごくう》に捧《ささ》げているのだという説も成り立たなくはない。が、やはり不思議だ。

このあいだは骨董屋《こっとう》で理想的なガラスの水差しを発見。一目惚《ぼ》れ。しかし大変に高価である。しかもいま使っているものだって決して悪くはないのだ。逡巡《しゅんじゅん》しながら家に帰ると……現在の水差しが壊れていた。真っ二つという異様な割れかた。妻を捨て愛人に走ったロクデナシの気分であった。びしょびしょのテーブルが修羅場の後を思わせた。

そういえば家の娘が結婚するとき、祝言《しゅうげん》の朝に彼女の使っていた持ち物を壊す習慣が京都にはある。「嫁ぐからには、もう帰る場所はないのだとの覚悟を促す」なんてモットモらしい意味付けがされている。けれど、これも本来は可愛がられていた道具が娘を呼び戻したりしないようにという用心のためだと聞いた。

これは実家の近所に住んでいたおばあちゃんの話だけれど、彼女は結婚した当初、些《さ》細《さい》なことで旦那《だんな》さんと喧嘩《けんか》が絶えなかったのだという。とにかく相手のやることなすこと気に喰わない。箸《はし》の上げ下ろしまでも癇《かん》に障《さわ》る。あまりにもたびたび実家に顔を見せる娘を訝《いぶか》って、母親が八卦《はっけ》見《み》に相談したところ「文箱《ふばこ》の底を見よ」と出た。

おばあちゃんには告げられた卦に思い当たる節があった。彼女が子どもの頃からずっと挿していた櫛《くし》が隠してあったからだ。いまさら髪にも飾れないけれど、さりとて愛着があって捨てるに捨てられず、蔵の隅の文箱に忍ばせて嫁入りしたのだという。

「笄《こうがい》に妬《や》かれたんやねえ。材は柳やったさかい。柳の精は男はんやていいまっしゃろ」

翌日おばあちゃんは家に戻って櫛をとりだし、堪忍《かんにん》な、と二つに折った。以来、旦那さんとの仲はみるみる睦《むつ》まじくなり、赤ん坊もすぐに生まれたそうだ。まるで日本昔話みたいなエピソードだが、ほんのり含羞《がんしゅう》の笑みを浮かべた彼女の顔とともに忘れられない。

道具は粗末にさえ扱わなければ【付喪神】になることはない。稀《まれ》に聞く〝いわくつき〟の逸話は、ほとんどが元の持ち主によって込められた念に因果を発している。なんでもかでも百年で手足がはえて徘徊《はいかい》するようになったら骨董屋は商売上がったりだろう。【百鬼夜行】伝説が生まれた室町時代、京はバブルに沸いていた。人々は流行を追い、旧弊なモノは惜しげもなく棄《す》てられた。一条通にはそんな不用品の市が立ち、連日賑《にぎ》わったという。これがのちの「天神さん」の原型とも言われる。この一条通りが【百鬼夜行】のルートだとされたのは、きっと偶然ではない。

以前〈高台寺〉で、こちらが所有されている百鬼夜行図の絵巻をプロジェクターで庭に映写するという特別催事を観賞させていただいたことがある。名園のなかを付喪神たちがしずしずと歩む様はとてもユーモラスで楽しませてもらった。

もっともこれは【百鬼夜行】本来の姿ではない。たぶん魂の籠《こ》もる道具を求めて夜明け前の「天神さん」の薄闇《うすやみ》に集う骨董狂の群れのほうが、もはやそれに近いだろう。

あとがき　公式で解けない恐怖

実は私は〝恐怖不感症〟である。恐怖というのが何なのかよくわからないのだ。そのくせ三度のメシの次に恐怖が好きだったりする。それって変かしらん？

我ながら恐怖については貪欲《どんよく》だと思う。アルジェントやハマースタジオ作品はもとより、ガイ・マディンからブライアン・ユズナまで観《み》る。子どもの頃は枕元《まくらもと》にゴーリーの絵本があったし、ラブクラフトやキングはいうに及ばずアレイスター・クロウリーから柳内伸作の拷問史《ごうもんし》まで読む。いや、映画や小説にとどまらず、あらゆるジャンルの心霊や超自然を取り扱ったものに目がない。遊園地に行けば真っ先にお化け屋敷に入りたがる。少年チャンピオンは、まず「エコエコアザラク」からページを捲《めく》っていた。

しかし私がなにかを観て、読んで、「怖いよう」と洩《も》らしても、それは「面白い」「楽しい」「高揚する」という意味。感じた恐怖に戦慄《せんりつ》しているわけではない。よしんば「キャー」とか声をあげても、それは歓喜の悲鳴なのだ。

いや、私は決して〝怖いもの知らず〟なキャラではない。むしろ小心者だ。ゴキブリもジェットコースターも人並み以上に怖い。当たり前のように事故や病気だって怖い。けれど、〝創作された恐怖〟が恐怖であったためしがないのだ。生理的不快に眉《まゆ》をひそめたり、不意打ちの映像や効果音に驚きこそすれど。

やはり私は鈍感すぎるのだろうか。霊感の一つや二つ持ってないと恐怖体験にも限界があるのは確かだろう。いま思い出せる範囲で個人的に一番怖かった経験はといえば、中途半端《はんぱ》に込んだ電車のなかでギリヤーク尼ヶ崎に似たおじいさんに股間《こかん》を鷲掴《わしづか》みされたこと——だというのは、ちょっぴり情けない。

このときは「わっ、バケモノ」と咄嗟《とっさ》に叫んだ。いくら驚いたとはいえ、なんという反応か。もの書きとして己のボキャブラリーを恥じつつも睨《にら》みつけると、おじいさんはニヤーリと笑ってぐいぐい掌《てのひら》に力を込めた。あれは怖かったなー。

さて、こんな計算式がある。

(es+u+cs+t) squared + s + (tl+f)/2 + (a+dr+fs)/n + sin$x$−1

これは英国のロンドン大学キングス・コレッジの研究チームが開発した、完璧《かんぺき》な恐怖

映画を導き出すための公式なのだそうだ。内訳は、

es＝緊張感を高める音楽　u＝正体の判《わか》らなさ　cs＝主人公が追われるシーン　t＝罠《わな》に陥《おとしい》れられそうな予感（squared＝二乗）　s＝衝撃度　tl＝現実味《リアリズム》　f＝虚構性　a＝主人公の孤立の度合い　dr＝闇の深さ　fs＝映像のムード　n＝登場人物数　sin$x$＝血（内臓）　l＝ステレオタイプの程度

――なるほどというか、なんというか。

この公式を使って計測した結果、最高のホラーはキューブリックの『シャイニング』であると彼らは報告している。特に重要な要素である【緊張感】【リアリズム】【血】が、この映画には完璧なバランスで配されているそうだ。また登場人物は少ない方がより観衆の共感を得られるので、この作品の舞台設定「冬の間、閉鎖された巨大なホテルにいる家族」はその点でもパーフェクト。『サイコ』のシャワーシーンと双璧の【恐怖】であると。

『シャイニング』は紛《まが》うことなき【恐怖】の名作である。が、それでも私にとっては「面白い」「楽しい」に相当する映画でしかない。【緊張感】も【リアリズム】も【血】も、あくまで作品を成立させるための効果、つまりは記号だからだ。それがどれだけ魅力的でも巧妙でも、恐怖を演出するための仕組みがあるものを私は怖がれないのであった。脳味噌《のうみそ》がそれらを娯楽だと判断してしまうのかもしれない。

そんな創作された恐怖には不感症ぎみの私が真の恐怖を満喫しようとすると、結論としては京都を歩くしかないということになる。私の京都への愛情は、怖いものへの愛情とほぼ相似形といってもいいくらいだ。なぜならば、この都市の恐怖はどんなに絵空事めいたものでもある種の生命力を感じさせてくれるから。大路小路をあてどなくうろつくとき、いつだって私はほのかにそんな血の通った恐怖との遭遇を期待している。

その恐怖は公式にあてはまらない。

京都の恐怖は公式で解けない。ただの暗闇《くらやみ》ならスキップで抜けられる私だが、京都には真昼間でも足を竦《すく》ませる小路がある。酔っ払って墓石を枕に青山霊園で眠った経験だってあるけれど、名もなき地蔵尊の磨り減った顔が思い出されてまんじりともできなかった夜を知っている。

その感覚は一般的な恐怖とは違う。いわゆる心霊スポットと呼ばれる場所ですら京都のそれは独特の風情《ふぜい》を帯びている。けれど、あきらかに娯楽としての恐怖ではない。たとえば、あからさまなフィクションを背景とした恐怖だって京都にはあるけれど、それが碁盤の目に置かれたとたん妙な生々しさを備えるようになる。本来のゾッとさせようという意図とは異なるところで厭《いや》な気配を漂わせはじめる。それらは分析を拒む、記号化できない怖さである。

もしかしたら「結局、人間が一番恐ろしい」という決まり文句が〝京怖〟にはあてはまるということなのだろうか。人ならぬものが、人の恐ろしさの核であるところの〝心の闇〟を、こればかりはなにをもってしても計測不能な〝魂の深淵《しんえん》〟を抱えているというう……。そしてまた、たぶん心や魂のようなものがあるからこそ、人に惹《ひ》かれるように京都の恐怖に惹かれてしまうのだ。

ともあれ縁起悪そうな話が八十八本（注・単行本時です）。えらく縁起のよい数集まった。縁起悪い話が末広がってどうする？　という噂《うわさ》もあるが。まあ、それはそれとして。恐怖不感症ですら〝なにか〟を感じられる京都。ホラー映画に怯《おび》え暗闇を嫌う読者諸氏にはどんなふうに見えただろう。公式にあてはまる恐怖に慣れた人たちの目にどう映ったかは甚《はなは》だ心許《こころもと》ないけれど、それでも愛好家として、それなりに嬉《うれ》しい悲鳴をあげてもらえる話は採集できたとも自負している。最後まで読んで下さった皆さんには、いつにもまして感謝したい。

入江敦彦

文庫版あとがき　都百物語への招待

八十八本。末広がる怖い話を収めた単行本に十一本書下ろしを加え、京都を舞台にした九十九本の怪異がこの文庫には並んでいる。この数は、もちろん京都で百物語を愉《たの》しんでいただくためのものだ。そして一本少ないのは、ご自分でこの古《いにしえ》のミヤコを訪ねていただきオリジナルの百物語を完成させてほしいから。だ。そのとき、どんな魔が出現するかはあなた次第である。

むろん先人の智恵《ちえ》を拝借して、ここに記されている迷える魂たちを弔い、線香や蠟燭《ろうそく》の一本も仏前に供えて〝あり得べき〟魔との邂逅《かいこう》を回避するもよし。これまた、あなた次第。いずれにせよ、それらは起こるべきときは起こるのだから、じたばたしてもしかたがない。

本書のなかには怪異ではあっても恐怖とは無関係の物語や、我ながら思い出すだに恐ろしいけれど怪異とは言い難い話も混じっている。なかには半分フィクションみたいな与太も挿入した。

が、面白いことに、人に訊《き》けば正真正銘の実話ほど「これは作ってるでしょう?」と返ってくる。

私の嘘《うそ》八百のほうが「こういうことって、いかにもありそうよね」などと言われる。まれには「私も似たような噂を聞いたことがあるわ」とか。

となると、もはやそれらにも、その段階で新たなる生命が吹き込まれたわけで、なるほど京都とはそういう場所なのだなあと改めて感慨せずにはおれない。この古都は怪異を増幅する。土地が、ではない。ここに住まう人の意識と無意識によって、それらは酒が醸《かも》されるがごとくに芳香を起《た》てはじめるのだ。


なんとなく喩《たと》えてみたけれど、恐怖とアルコールの比喩《ひゆ》はかなり正確に両者の性格を言い表している。基本的に体質だという点で。ホラーが苦手な人間は、ちょっと舐《な》めただけでも真っ赤ならぬ真っ青になってしまう。逆に心底愛してやまない者は、とりあえずなんでも口にしてしまう。

根っからの中毒患者《ジャンキー》であっても怖ければいいってモンでないのも面白い。忘我の酩酊《めいてい》を求めるタイプもいれば、味覚に快楽を見出《みいだ》す一派も多い。なかには肉体的には受けつけないくせ、その味わいが好きで好きでやめられない私のような馬鹿もいる。いまや自ら醸造して『異形コレクション』なる奇妙な酒場で他人様《ひとさま》に供するまでになってしまった。

本書は、ある意味で私のセラーみたいなものだ。ここで描かれた怪異たちは、もう飲めるようにはなっているけれど、さらに深い熟成を待っているものばかりである。やがてより濃厚で度数の強い酒となって読者を気持ちよくさせたり、喉《のど》を焼いたり、悪酔いに溺《おぼ》れさせたりする日が来るやもしれぬ。

実のところ、異なるバリエーションをずらりとコレクションしたがる性質はすでに十代に萌芽していた。飲めないのに、というか法的に飲んではいけないのだが、私は大量の果実酒を漬けて悦に入っていた。五十種類は優にあった。傾倒のピーク時には、すべてのこづかいが保存瓶やスピリッツに消えた。

いちばんの苦労は果物の種類。七〇年代の日本に現在のような豊富な輸入フルーツは存在していなかった。だから収集数を増やしたいあまり林檎《りんご》など銘柄ごとあった。干し柿だのソメイヨシノの実だの怪しげなものも混じった。そんななか、ふと思いついて拵《こしら》えたのが近所の某神社からくすねてきた花梨《かりん》。

それは毎秋ごとに甘い香りを境内に漂わせていた。きっと素晴らしいリキュールになるだろうという確信があった。こっそり捥《も》いできてラム酒の底に金色の果実を沈めたときの満足感をいまも忘れない。そして、その日を境に、それこそ酔いから醒めたように私の果実酒熱は去った。

驚いたのは、それから七、八年も過ぎたある日。水屋の奥に忘れ去られた花梨酒の保存瓶を発見したときのことだ。眠たげな琥珀色《こはくいろ》の液体のなか、握りこぶし大もあった果実はすべての果汁を吐き出し浸透圧でくしゃくしゃに収縮していた。その形は、ヒトの頭部そのものだった。昔、写真で見た首狩族の【干し首】そっくりの、皺《しわ》に埋もれた顔だった。

最後になってしまったが、本当にお忙しいなか解説を快く引き受けてくださった井上雅彦氏には格別の御礼を申し上げねばならぬ。氏は世俗でまごついていた私の手を曳《ひ》き「こちら側」の世界に迎えてくださった恩人でもある。いよいよ深く昏《くら》く愉しい奈落行の手引きを、これからも宜《よろ》しく御願い奉り上げます。長旅になりそうで、私はうきうきしております。

また、表紙のイラストを手がけていただいたいぬんこさん。私は嬉《うれ》しくてキャーとか叫んでしまいました。ありがとうございます。そして、いつもながらに的確な采配で私を助けてくださった編集の疇津真砂子氏。感謝！　デザイナーの大滝裕子氏、校閲の加地麻子氏にも感謝！　感謝！
おしまいに、いつも隣に座ってうつらうつらしていた京の魔界の住人たちへ。此度は揺り起こしたりして申し訳なかった。再び安らかに眠られよ。

龍安寺の袂《たもと》にて『松栄堂』の伽羅《きやら》を空薫《そらだき》ながら。二〇一〇・四・二十四

入江敦彦

文春文庫版あとがき　桜の檻の満開の下

京都といえば桜。満開時の宿争奪戦はバブル期のクリスマスイブを凌ぐエグさである。五輪を当て込んだホテルが乱立し一時は部屋のキャパが観光客総数を超えた！　と騒がれていたが円安に煽られた外国人の京旅行ブームで焼け石に水となった模様。

だが実は、この都市で最も怖いもののひとつは桜だとわたしは思っている。饅頭怖い。あとは熱いお茶が一杯怖い……てな話ではない。実際、爛漫の桜が孕む妖しさ悍《おそ》ましさは昔から多くの作家たちをインスパイアしてきた。坂口安吾の『桜の森の満開の下』、赤江瀑の『春泥歌』ほかいくらでもある。井上雅彦氏監修のアンソロジー『櫻憑き』（カッパ・ノベルス　異形コレクション綺賓館３）はそれら珠玉の恐怖がぎっしり詰まった、わたしの愛読書だ。

なぜ桜が怖いのか。といえばこの樹が〝陰の木〟だからに他ならない。いわゆる〝名所〟は木の数も多いから陰々としている。陰々は滅々を呼ぶので眺めにストレスが溜まる。「桜はお日様を好むから〝陽の木〟です」と区分けしている本もあるが、わたしは平安京造営のテキストのひとつ、日本最古の庭園書『作庭記』や風水の論理書『営造宅経』を信じる。

それらの書物には同時にどう対策すれば安全に桜を植栽できるかも明記されている。だから、それに従った情景なら大丈夫。怖いのは怖いけれどケージの向こうに猛獣を眺める気持ちで堪能できる。この都市は未だ羅城時のルールに依って構成されているから陰陽道的な齟齬さえなければ、よほどのことがない限り悪影響はない。はず（笑）。

チェックポイントはいくつかある。

まず〝陽の木〟の代表格で相性がいいとされる柳が隣に、あるいは交互に植えられている（鴨川畔、龍安寺など）。エリアの東側に並べ（まとめ）られている（半木《なからぎ》の道、嵐山など）。酒宴の席が設けられて賑わいがある（円山公園、平野神社など）。山裾にあって人里との境界線、すなわち洛外に属している（仁和寺、哲学の道など）。あと、個人宅だった場所（御所の近衛邸跡、佐野藤右衛門邸など）は各家相図によるのでその限りではない。

銘木が一本きりとかなら、それが寺院などの聖域にある場合は気にせずともよい。しかし美観を目的に植えられているところがタブーに触れているとどうにも落ち着かない。そわそわする。

祇園界隈、とりわけ白川筋は五分咲きから散り際まで夢のように綺麗。ここも柳がバランス良く配置されて陰陽和合しているのだが、川端通に出る手前が桜だけで花天井になっているのだ。わたしは、ここが苦手。昏い、と思う。だがここに佇むと魅入られたように、檻に囚われたように動けなくなる。

陰々たる花景色はいつもひときわ耽美華麗だ。そうか、件の「美しい檻」とは桜の檻でもあるのだな。やはり京において美と怖さは比例するのである。

かくて新潮社さんから出版され文庫にもなった『怖いこわい京都』がこのたび文藝春秋さんで啓蟄を迎え、装いも新たな文庫として蘇った。京のバケモノはしぶとい（笑）。バケモノ好きの読者の皆さんに感謝だ。快く解説の再掲載を許可して下さった井上雅彦氏には、格別の謝意を捧げたい。京都ならではの虚実のあわいを見事に表現して下さった浪人氏！　この幻視力にはちょっと感動。またデザイナーの野中深雪さんも素敵に仕上げてくださった。謝儀奉る。

そしてすぐに道草を喰う入江を鬼門の猿みたいに的確なアドバイスで導いて下さった編集者の池延朋子さん、曽我麻美子さん、内山夏帆さん、ほんとうにありがとうございました。

And Ian Hamilton. Happy to dedicate you this book again. Love ya! Man-man-chan-an!

入江敦彦

雨宝院の今はなき御衣黄桜

解説

井上雅彦

比類無き一冊、と呼ぶべき本がある。

文字通り他に類を見ない独特の概念《コンセプト》に貫かれて創《つく》られた一冊で、いうならばその作者の発明品のような書籍である。

一例を挙げるならば、安野光雅『起笑転結』、泡坂妻夫『生者と死者　酩《めい》探偵ヨギガンジーの透視術』、ドゥーガル・ディクソン『アフターマン』、Shaun Tan『The Arrival』……などと、こうして書いている合間にも、思わず背表紙の並ぶ「聖別」された場所に目が惹《ひ》きつけられる。こうした本のためには本棚にも特別な場所を設けたくなるもので、ここには、ジャンル、版型、新旧を問わず、その作者にしか創れない、過去にも未来にも他に類例を見ないであろう〈比類無き一冊〉だけを並べてある。

特別な時間を過ごしたい時に、こうした格別な本を「玩読」するのだけれども、そのなかでも、未《いま》だに手に取るたびにぞくぞくとし、一篇を読む度に至福の高揚を味わえるのが、入江敦彦『怖いこわい京都、教えます』――ほかでもない本書（の底本）である。本書は、まさに驚くべき、比類無き一冊なのだ。

なによりも、恐怖を扱った書であることが、私のような〈恐怖の道楽者〉にとっては、うれしい。本書は、恐怖の探求者としての入江敦彦を見せてくれる。いや、入江敦彦自身の言葉を借りれば、氏が本書で探究したのは〈京怖〉――京都の恐怖ということになる。

本書はその表層だけを見るならば、巻頭の「怖い場所」リストと市街図が象徴するように、「京都の恐怖スポット案内」風の、怪奇体験を切望する読者向けのガイドブックにも見えるし、しかも京都の名所旧跡案内をも兼ねている。もっとも……京都の観光情報を含めた京都怪談案内、京都魔界紀行といった類の書であれば、今時、さほど珍しい趣向ではない。民俗学者、宗教学者、オカルト研究家、怪談蒐集家などによる京都探訪を読むにも事欠かない。だが、しかし――優れた名著をも含めたこうした著作物を、生《きっ》粋《すい》の京都人たちは眺めやり、

「偉い先生がそんなふうにお書きになってはるんやから、きっとそうなんやろねえ」

と微笑《ほほえ》むであろうことを、入江敦彦の読者であれば、すでに御存じの筈《はず》なのである。

そして、その微笑みの意味するところについてをも。

そう、この〈微笑み〉は、本書のまえがきでも言及されているのである。

他ならぬ〈京都の恐怖〉そのものの微笑みとして。

入江敦彦は名著『京都人だけが知っている』以来、生粋の京都人の視座から、京都の法則、京都の秘密、京都の深層、さらには、京都という「ある種、異形」の魅力の本質を探究し、発信し続けてきた。外部《よそさん》に向けて、誠実に、懇切丁寧に。それは、京都を愛するが故《ゆえ》である。

その入江敦彦が、

「私の京都への愛情は、怖いものへの愛情とほぼ相似形といってもいい」

と述懐し、筆をとった〈京怖〉への随想。これこそが、本書のスピリットなのだ。

それは、〈京怖〉を象徴する「怖い場所」に纏《まつ》わる物語風の随想（底本では八十八の〈京怖〉だったが、うれしいことに文庫版では九十九の〈京怖〉に殖えている。まさに百物語。しかも、地図に記された百物語でもある）として呈示されているのだが、そのそれぞれが、〈異形〉〈伝説〉〈寺院〉〈神社〉〈奇妙〉〈人間〉〈風景〉〈幽霊〉〈妖怪〉とさらにカテゴリー別に分類されているのも、本書の性格を語っている。「怖い場所」での実体験（まさに体感）を記述しながらも、入江敦彦は、恐怖を分析しているのである。愛する京都を分析したように、恐怖と怪異の本質に迫ろうとしている。実に愉《たの》しげに。実に怖ろしげに。あるものは文化論、認識論、史論、美学論にまで発展する。あるものは、機知に富んだショートショートのごとく極上の陥穽《かんせい》に突き落とす。そして、あるものは背筋に冷たい唇を押し当てる……。

ここで、入江敦彦との出会いについて書いておきたい。

話は、少し迂回するが……私が、恐怖小説のオリジナル・アンソロジー《異形コレクション》を作り始めて、早くも、十三年が経《た》とうとしている。小説書きの「余技」にしては、いささか深入りし過ぎたのかもしれないが、私にとってこの仕事は、〈怪奇と幻想〉という極上の嗜好《しこう》に思う存分耽《ふけ》ることのできる至福の機会であり、この分野の卓越した才能と親交を得ることのできる刺激的な出会いの場でもある。

入江敦彦という驚くべき才能との出会いも、この仕事――いや、この「道楽」が、私に与えてくれた実に得難い幸運だったのだ。

少しだけ説明を加えておくと……。さまざまな著者の短篇小説を集めたアンソロジーのなかでも、「オリジナル・アンソロジー」というのは、年刊傑作選や、世に埋もれた傑作を集めて編纂《へんさん》する再収録のアンソロジーとは、作り方がまったく異なる。

「オリジナル・アンソロジー」とは、幾人ものプロの小説家に、短篇小説を書き下ろして貰《もら》い、そのなかから一定の水準以上のものだけを収録する。すべて新作揃《ぞろ》いの「オリジナル」というわけである。この種のものでは、アメリカのSFアンソロジーに有名なものがあるが、私の知る限り、発祥の地は英国である。それも、怪奇小説の分野だ。一九二六年の《The Ghost Book》。女性作家レディ・シンシア・アスキスが、自ら企画し、同業の作家たちから書き下ろし原稿を集めて編集した幽霊小説アンソロジーである。そのアスキスの没年に生まれた私が、今、その顰《ひそ》みに倣《なら》って幻想怪奇のオリジナル・アンソロジーを企画し編集している、などというと聊《いささ》か因縁めいて聞こえるかもしれないが、私の作っている《異形コレクション》は《The Ghost Book》と異なって、各巻ごとにテーマを設け、それに従って、作品を競作して戴《いただ》くことになっている。そのテーマとは、〈変身〉、〈水妖〉、〈獣人〉、〈夢魔〉など、いかにも怪奇小説特有のものから、〈時間怪談〉、〈未来妖怪〉などとマニアックなものまである。

毎回、このテーマを決めるのが愉しみでもあり、苦しみでもあるのだが、ある時、これまで考えてもみなかったテーマの着想が天啓のように降ってきた。――〈京都〉である。

直接のきっかけは赤江瀑《ばく》の作品集を再読したことだった。立風書房版『赤江瀑京都小説集』全二巻——『風幻』と『夢跡』。それまで、読んでいた幻想短篇の巨匠の作品を〈京都小説集〉というくくりで読み直すと「視《み》えてくる」ものがあった。この佇《たたず》まいは何なのだろうか？　この空気は？　この美しい違和感は？　それが〈京都〉というキーワードを触媒に一気に顕現したのだ。

こうなると、さらにその正体を知りたくなる。——そして、出会うべくして出会ったのが、入江敦彦の著書というわけだった。『怖いこわい京都』ではない。この時は、まだその底本すらも出版されてはいなかった。

〈京都〉テーマのアンソロジーを実現させるまで、私の覚悟も含めて、さらに幾年もの歳月を要した。しかし、その時から——決めていたことがある。赤江瀑には必ず参加してもらうこと。そして、入江敦彦にも参加してもらい、できれば怪奇幻想小説を書いてもらうこと。まだ、お二方とも何の面識もなかった。しかも——エッセイスト入江敦彦が小説を、それも「怖いこわい」怪奇幻想小説などを書く気になるか否《いな》かなど、編集部のみならず、私じしん、その時点ではなんの確証もないことだった。ただ——氏の随筆のあちこちに見られる言葉の選び方、読書歴、引用された作家などから、この人物は、もしかすると「こちら側」の人間ではないか……という幽《かす》かな予感はあった。もちろん、その教養やセンスの高さから、入江敦彦がただものではないことは疑いようもないことだったが。こうなると、小説家としての入江敦彦が欲しい。これは、この時は、妄想に近いものだった。《異形》の編集をしている時の自分は、いつも、幾分、信長的になっている。京への侵略を試みた信長。そういえば「鳴かぬなら〜ホトトギス」と、信長、秀吉、家康が詠《よ》んだあの「鳴かぬホトトギス」とは「京都人のことではないのか」と鋭い仮説を立てたのも、入江敦彦なのだった。紆《う》余曲折《よきょくせつ》の後――赤江瀑と初めての会見を果たし、では来年、執筆を……と決まった二〇〇七年の夏、単行本版『怖いこわい京都、教えます』が出版されたのである。怖いほどうれしいシンクロニシティだった。

〈京都〉をテーマに据えた《異形コレクション》第41巻『京都宵』（光文社刊）は、その翌年、九月に刊行された。そこには、赤江瀑の新作とともに、入江敦彦の怪奇幻想小説が載っている。入江敦彦は「こちら側」の人間だったのだ。氏は学生時代、やはり生粋の京都人SF作家・藤田雅矢とともに創作活動に励んでいた。その藤田雅矢もまた『京都宵』に妖しく美しいファンタジーを寄稿してくれた。

この時、収録した入江敦彦作品の題名は「テ・鉄輪《かなわ》」。堺町通松原下ル鍛冶屋町の喫茶店を舞台に、〈鉄輪の井戸〉で珈琲《コーヒー》を淹《い》れ、縁切りの秘術を使う美女の物語……とくれば、お気づきの読者もおられるかもしれない。本書「伝説　一　丑《うし》の刻参り」の舞台を大胆にフィクションにした幻想短篇なのである。

収録の際、私はこの作品に次のような解説を寄せた。

「したがって、本作は入江敦彦が、プロとして初めて発表する小説なのだが、一読、感嘆されるであろう。京言葉も町家も古典も祭祀《さいし》も怪異も、すべてが有機的に織りあげられた京都幻想の西陣織」

入江敦彦はその後も《異形コレクション》に精力的に作品を寄稿。〈京怖〉の物語には、いずれも本書収録の「怖い場所」が登場している（最新刊の第45巻『憑依《ひょうい》』では、「寺院　一」の正伝寺と「神社　八」の安井金毘羅宮が怪異とともに描かれる）。

氏の小説も、一冊に纏まる日が来ることだろう。願わくば〈比類無き一冊〉として。

そして、その原点である、この本書。

これは、〈京怖〉に関する入門書というだけではない。すべての〈恐怖〉を考えるためのバイブルである。少なくとも、私は、そう考えている。


（二〇一〇年四月、作家）

本書は二〇一〇年六月新潮社より刊行された文庫の
文春文庫化です。

DTP制作　エヴリ・シンク
地図制作　ジェイ・マップ
本文写真　著者

文春文庫

怖《こわ》いこわい京都《きょうと》

定価はカバーに
表示してあります

2024年7月10日　第1刷

著　者　入《いり》江《え》敦《あつ》彦《ひこ》
発行者　大沼貴之
発行所　株式会社 文藝春秋

東京都千代田区紀尾井町 3-23　〒102-8008
TEL 03・3265・1211㈹
文藝春秋ホームページ　http://www.bunshun.co.jp

落丁、乱丁本は、お手数ですが小社製作部宛お送り下さい。送料小社負担でお取替致します。

印刷・TOPPANクロレ　製本・加藤製本

Printed in Japan
ISBN978-4-16-792253-5